Côte d'Azur

Gisela Buddée

Reisen mit Erlebnis-Garantie

MERIAN-TopTen
Was Sie unbedingt sehen sollten

MERIAN-Tipps
Persönliche Empfehlungen unserer Autoren

MERIAN-Bewertung
Übernachten, Einkaufen, Essen und Trinken mit Flair

Für Familien
Für Eltern mit Kindern besonders geeignet

Tourenplaner
Damit Sie leichter ans Ziel kommen

L'homme au Mouton – »Der Mann mit dem Schaf« heißt die Skulptur, die Picasso dem Ort hinterlassen hat, in dem er das Töpfern lernte. In Vallauris fertigte er 2000 Tonarbeiten (→ S. 34).

Die Autorin:

Gisela Buddée hat nach Pädagogik- und Kunststudium als Redakteurin und Lektorin in Braunschweig und Hamburg gearbeitet. Seit 1994 lebt und schreibt sie als freie AutorIn in Berlin. Ihre Wahlheimat seit 25 Jahren ist Südfrankreich. Für MERIAN *live!* hat sie u. a. die Bände »Provence« und »Languedoc-Roussillon« verfasst.

Azurblau das Meer, schneeweiß die Berggipfel, leuchtend rot die Felsen, bezaubernd die Hotelpaläste von gestern – eine Traumgegend widersteht der Gegenwart.

Das Füstentum Monaco wächst immer noch – ins Meer. In einem guten Dutzend Jahren hat es sein Staatsgebiet um 20 Prozent auf fast zwei Quadratkilometer erweitert.

Es gibt nur zwei Möglichkeiten: Man liebt die Côte d'Azur, oder man liebt sie nicht. Dazwischen ist nichts. Und wer sie liebt, muss sich wappnen. Gegen die Ironie der Besserwisser, die da meinen: Reiche, Alte, Schönlinge und Taugenichtse, Goldkettchen am bronzebraunen Fuß oder faltigen Hals, würden die Casinos und zu teuren Restaurants bevölkern, na klar. Und sonst? Zu voll: die Strände, die Städte, die Straßen – ein einziges Gedränge. Auch klar. Die Liebhaber des schönen Küstenstreifens mit dem verwunschenen Hinterland können jedoch aufatmen. Denn es ist durchaus etwas Wahres dran an dieser niederschmetternden Kritik – und das verhindert vielleicht – zum Glück für die Fans –, dass noch mehr Gäste kommen. Andererseits gibt gerade dieser Kontrast zwischen Trubel und Märchenlandschaft der **französischen Riviera** jenen Hauch des Unwirklichen, der zu einer Traumregion gehört.

Dazu gehören die Palmen, die so unverkennbar für Süden und Wärme – im Schutz der hohen Berge – stehen. Es waren die Engländer, die hier 1867 die ersten Experimente mit Samen aus den Übersee-Kolonien machten. Mit der Zeit lief das Geschäft so erfolgreich, dass man Pflanzen in alle Welt exportieren konnte. Allein 15 000 wachsen heute in **Hyères**. Weder Olivenbäume noch Weinreben waren ursprünglich hier beheimatet, Griechen und Phönizier hatten sie mitgebracht. Mit den Römern waren Zypressen gekommen und mit den Arabern Johannisbrotbäume, aus China stammen die Pfirsichbäume, aus Indien die Auberginen und aus Ostasien die Orangen. Mit dem Fremdenverkehr kamen neue Mitbringsel: südamerikanische Pfefferbäume, Agaven, Opuntien. In großen Büschen wuchern Rosmarin und Thymian in der **Garrigue**, der Strauchheide, die hier schon zu Beginn des Jahres so betörend duftet. Der sanfte Lavendelduft mischt sich erst später darunter, und auch die Salbeischärfe lässt noch auf sich warten. Aber die Mimosen erwachen bereits Mitte Januar und zaubern bis Ende Februar leuchtendes Gelb in den Winter des **Massivs von Tanneron**.

Wer verstünde nicht die Engländer, die vor den trüben Wintermonaten in der Heimat an diese sanfte Küste flohen? Schon 1776 hatte der schottische Arzt Tobias Nizza und sein vermeintlich heilkräftiges Klima bekannt gemacht, so dass Begüterte aus Gesundheitsgründen die verhältnismäßig beschwerliche Reise auf sich nahmen. Zu Ruhm gelangte das Fleckchen Erde aber erst ab 1834, als Lord Brougham, ehemaliger Schatzmeister Ihrer Majestät, der Queen von England, unfreiwillig in **Cannes** strandete. In der Provence wütete die Cholera, an Weiterreise war nicht zu denken. Die Grafschaft Nizza, mit Unterbrechungen 500 Jahre im Besitz von Savoyen, wurde erst 1860 französisch.

Kleine Kneipen, große Namen, elegante Bars – in Nizza findet sich alles.

BRASSE
NOORI'S
Restaurant Indien
NOORI'S

Die reichen Engländer spendierten Kollektengelder, damit ihnen die armen Arbeitslosen in **Nizza** eine Promenade bauten, auf der sie trockenen Fußes ans

Luxusvillen, Nobelherbergen und verwunschene Gärten

Meer gelangen konnten. Vom »Camin dei Anglès«, Engländerweg, sprachen die Einheimischen. Aber erst nach Kriegs- und Revolutionswirren ging es richtig los. Eisenbahnlinien entstanden, Luxusvillen und Nobelherbergen wurden gebaut und verwunschene Gärten angelegt. In **Monte-Carlo** feierte man 1878 die Eröffnung des Kasinos, und das in Frankreich damals noch verbotene Glückspiel lockte Winter für Winter Könige, Aristokraten, Politiker, Schauspieler, überhaupt Spieler und Spielerinnen jeglicher Art an die Küste. Mit jedem Jahr wuchs die Bedeutung der ehemals wenig bekannten Region.

Winterhauptstadt Nizza

Als dann der Dichter Stéphen Liégeard nach heutigen Begriffen eher ein Klatschkolumnist – 1887 einen Roman über die Hautevolee an der Küste schrieb, nannte er die Gegend »Côte d'Azur«. Damit hatte die Küste, von **Hyères** bis zur italienischen Grenze bei **Menton**, endgültig ihren Namen. Schon war Nizza Winterhauptstadt des British Empire und feierte seine Belle Époque. Nach dem Ersten Weltkrieg begannen die verrückten Jahre des Dolce Vita der Milliardäre. US-Soldaten hatten die Mär von der aufregenden Küste nach Hause getragen. Der Jazzmusiker Cole Porter gehörte zu den Ersten, die sich am **Cap d'Antibes** einquartierten. Die Murphys, reiche Amerikaner, folgten und badeten, im Wasser und in der Sonne. Von nun an, 1923, trug man Braun statt Blass.

Alles ist gegenwärtig, mehr in Geschichten als in Geschichte, ein Gewebe aus Namen und Anekdoten, über die neugierige Côte-d'Azur-Besucher allenthalben stol-

Nur wenig erinnert an die Antike

pern. Geradezu arm dagegen ist die Region, die vermutlich die ältesten Siedlungen der Menschheit besaß, an antiken Schätzen. Und doch siedelten hier Griechen und Römer, und Sarazenen waren im Massif des Maures zu Hause, das seinen Namen nicht den Mauren, sondern dem provenzalischen Wort »maoura« = »dunkles Holz« verdankt. Aber es fehlte an größeren Städten, es gab keine kunstsinnigen Höfe, die ihren Reichtum wie in der westlichen Provence in Stein manifestierten. Die Fischer an der Küste waren und blieben arm wie die Bauern im Landesinneren. Die wenigen alten Schlösser, Burgen und üppig geschmückten Barockkirchen fallen gegenüber den Villen, Gärten und Residenzen, hauptsächlich des 19. Jahrhunderts, und gegenüber den Kunstzentren kaum ins Gewicht.

Oben: Von der inspirierenden Kraft der Küste zeugen die Kunstwerke im Renoir-Museum in Cagnes-sur-Mer (→ S. 32).

Mitte: Die Engländern machten mit ihrer Promenade des Anglais aus Nizza einen Ferienort (→ S. 74).

Unten: An die Unterwerfung der Ligurer durch Augustus erinnert die Trophée des Alpes in La Turbie, das die Römer zu Beginn der Zeitrechnung errichten ließen (→ S. 82).

Während die Reichen zwischen Cannes und Nizza feierten, entwickelte sich in **Saint-Tropez** um Paul Signac ein Zentrum der Malerei. Und 1925 verliebte sich die berühmte Colette, bis dahin der Bretagne verbunden, in ein Häuschen im Weinfeld hinter Oleanderbüschen, die ihre Blumensträuße, wie sie schrieb, Vorübergehenden entgegenstreckten. Freunde, nicht minder berühmt, folgten der Schriftstellerin an die Küste: Antoine de Saint-Exupéry, Jean Cocteau, Lucien Guitry... Aber auch weniger Berühmte kamen: Ab 1936 gab es in Frankreich bezahlten Urlaub.

Wieder unterbrach ein Krieg das schöne Leben. Danach, 1946, kam Pablo Picasso nach **Antibes**, Krieg und Frieden blieben trotz wiederkehrender Lebensfreude sein Thema – er schuf das Monumentalwerk »La Guerre et la Paix« in der Kapelle von **Vallauris**. Henri Matisse malte die Kapelle in **Vence** aus, und Marc Chagall schuf seine Biblische Botschaft. Alles heute noch faszinierende Orte für Kunstpilger. Nach **Saint-Tropez** zog die bis heute berühmteste Bewohnerin, Brigitte Bardot. Und auf den roten Stühlen des »**Café Sénéquier**« sitzt und sinniert man wie einst Jean-Paul Sartre.

Die Maler kamen und blieben

Das Hinterland war klein geworden, die »Villages perchés«, Dörfer wie aus dem Fels gewachsen, waren verlassen. An der Küste setzte man alles auf Tourismus. Das hat sie verändert. Neben Nobelhotels sind Geschäfts- und Kongresszentren entstanden. Die **Promenade des Anglais** ist fast eine Stadtautobahn, die Küstenorte scheinen zusammenzuwachsen, und manche befürchten, es werde keine zehn Jahre mehr dauern, und die ganze Côte d'Azur werde ein einziger Ort sein. Tatsächlich füllen Feriensiedlungen, neue Viertel für Zweitwohnungen, Küsten- und Strandsiedlungen der Bergdörfer streckenweise die letzten freien Landschaftsräume.

Eine zugebaute Küste vor leerem Hintergrund

Das Hinterland – von Nizza aus sind es keine 50 Kilometer, bis man über 3000 Meter Höhe erreicht – belebt sich wieder. Einige küstennahe Orte wie **Sainte-Agnès**, saniert, aufgeputzt und voller Kunsthandwerkerläden, erinnern im Sommer fast an Basare. Andere wie das viel besuchte **Peillon** scheinen sich selbst treu geblieben. Aus den Schulen hört man Kinderstimmen. Es gibt wieder Lebensmittelläden und Bäcker, und die Dorfkneipen sind wieder geöffnet. Wäsche flattert neben mittelalterlichen Waschhäusern. Im Sommer trifft man sich in den Dorfkirchen zu Musikabenden.

Im **Mercantour-Nationalpark** pilgern Gruppen zu uralten Felszeichnungen, als ob sie erst gestern entdeckt worden wären.

Wanderer tauschen Informationen über Schwierigkeit und Länge von Strecken aus, die auch schon mal mit Hängebrücken und Felshaken überraschen. Das faszinierende Hinterland, das sich abrupt

Die Fremden entdecken die vielfältige Natur hinter der Küste

von der Küste in die Seealpen erhebt, stößt bei Fremden zunehmend auf Interesse. Doch von Massentourismus wie an der Küste ist hier, nur eine halbe Autostunde entfernt, noch nichts zu spüren.

Aber längst lebt die Côte d'Azur nicht nur vom Fremdenverkehr. Nizza, mit täglich mehr als 20 Verbindungen nach Paris, ist der zweitgrößte Flughafen Frank-

Das Kalifornien Frankreichs

reichs geworden. Ihn nutzen nicht nur Touristen, Festival- und Kongressteilnehmer, sondern auch Computer-Fachleute, die den kürzesten Weg zum Innovationspark **Sophia Antipolis** bei Valbonne wählen. Politiker schwärmen in diesem Zusammenhang schon vom »Kalifornien Frankreichs«, von der Zentrale der weißen, der Hightech-Industrie.

Alte Freunde der Côte d'Azur nutzen längst, wie ihre Entdecker, die Vor- und Nachsaison. Dann hört man im **Estérel-Gebirge** die Vögel zwitschern, sieht im **Mauren-Massiv** die Eidechsen über warme Steine flitzen. Die Socca-Verkäuferin in der Markthalle von **Menton** hat Zeit für einen Schwatz, und der Blumenmarkt in **Nizza** ist fest in einheimischer Hand: Man hört es an der ganz eigenen Sprache, die fast wie eine Mischung aus Französisch und Italienisch klingt. Gut, der Fahrstuhl auf den Schlossberg ist vielleicht nicht in Betrieb, aber daneben führt eine Treppe hinauf.

Kein Busverkehr hinauf nach **Tende** zum Museum der Wunder? Ab **Ventimiglia** fährt ein Zug. Und die Eisenbahnstrecke dorthin ist unglaublich schön. Allein wird man dennoch nicht sein. Aber wer will das schon an der Côte d'Azur?

MERIAN-Lesetipp

Den großen Roman der so genannten »verlorenen Generation« der zwanziger Jahre an der Côte d'Azur schrieb 1934 der Amerikaner F. Scott Fitzgerald mit **Zärtlich ist die Nacht** (Diogenes Verlag, 1983). Der Dichter war selbst ein Mitglied des Jetsets und kannte das beschriebene Milieu demzufolge aus nächster Nähe. Françoise Sagans Welterfolg **Bonjour Tristesse**, von der damals 18-Jährigen 1954 veröffentlicht und zu jenem Zeitpunkt ein Skandal, trifft selbst heute noch das Lebensgefühl an der Côte mit unnachahmlicher Präzision (nur als Großdruck lieferbar, Niemeyer Verlag, 1992).

Sternengeschmückte Residenzen säumen die Ufer des Mittelmeeres, wo es am schönsten ist. Aber schöner noch, und in den meisten Fällen preiswerter, ist es im Hinterland.

Eine Nacht in Monte Carlo: Für die schmiedeeisernen Spielereien an den Balkonen des Luxushotels Hermitage (→ S. 67) hat Gustave Eiffel gesorgt.

Es war im September 2000, als die Auswertung der Saison die Mitglieder des regionalen Tourismus-Komitees »Riviera-Côte d'Azur« in nicht enden wollendes Entzücken versetzte: Alle Rekorde waren gebrochen, die »schwarzen« 80er und 90er Jahre vergessen. Das hieß 72 Millionen Übernachtungen. Nicht im Jahr, sondern im Sommer. Die Prognose lautet: 100 Millionen Übernachtungen im Sommer 2010.

Heißt das nun, dass man für Mittelmeerferien sein eigenes Bett mit auf die Reise nehmen muss, vielleicht im Campingwagen, oder unendlich langfristig planen? Wer »le Grand Bleu«, das tintenblaue Meer, vor dem Frühstück sehen will oder kurze Wege zum Strand braucht, täte gut daran. Aber die Auswertung der erfolgreichsten Saison seit Jahren oder Jahrzehnten verschweigt auch nicht, dass nur vier von 163 Gemeinden 71 Prozent der Feriengäste beherbergten, während alle anderen sich mit 29 Prozent des »touristischen Mannas« begnügen mussten.

Viele Hotels sind zu Residenzen (**résidences**) umgebaut worden, in denen man sich üblicherweise für eine Woche, einen Monat, gar einen Sommer einmietet – jedoch nicht für eine Nacht. Dasselbe gilt für Feriendörfer und -zentren (**villages de vacances, centres de vacances**). Ferienwohnungen und -häuser (**appartements meublés, villas meublées**) können es nach Lage und Preisklasse mit guten Hotels aufnehmen, und auch Ferien auf dem Bauernhof (**ferme auberge, ferme de séjour**) gewinnen zunehmend an Attraktivität. Landschaftlich schön – und meist in mittlerer Preisklasse – liegen fast immer die Familienbetriebe der Hotelkette »Logis de France«. Hin und wieder werden Einzelzimmer angeboten. Die Zimmerausstattung vieler Häuser (mit bis zu zwei Sternen) verrät oft, dass hier seit der Belle Époque vermietet wird. Als das Fernsehen noch nicht erfunden war, die Zimmer aber groß genug waren, dass sich später eine Dusche und ein WC einfügen ließen ...

Das **Comité Régional du Tourisme Provence-Alpes-Côte d'Azur** (→ S. 105) verschickt Verzeichnisse von Hotels, Ferienzentren und Campingplätzen. Das Verzeichnis »Logis de France« gibt es im Buchhandel und bei

Fédération Régional des Logis C.R.C.I.
8, rue Neuve-St-Martin, B.P. 1880, 13222 Marseille Cedex 01; Tel. 04 91 14 42 00, Fax 04 91 14 42 45

Gîtes de France informiert über Unterkünfte auf dem Land (**gîtes rurals**), Zimmer mit Frühstück (**chambres d'hôte**), kleine Restaurationsbetriebe beim Besitzer, gelegentlich mit einigen Zimmern (**tables d'hôte**), Wanderhütten (**gîtes d'étape**) und Campingmöglichkeiten auf dem Bauernhof (**gîtes Camping-Caravaning à la ferme**).

Gîtes de France Alpes-Maritimes
■ b 5, Klappe hinten
55/57, promenade des Anglais, B.P. 1602, 06011 Nice Cedex 1; Tel. 04 92 15 21 30, Fax 04 93 37 48 00

Gîtes de France Var
Rond-point du 04/12/1974, B.P. 215, 83006 Draguignan Cedex; Tel. 04 94 50 93 93, Fax 04 94 50 93 90

Die **FUAJ** veröffentlicht einen kostenlosen Jugendherbergsführer für Frankreich und bietet ihren Mitgliedern an, maximal sechs Übernachtungen bis ein halbes Jahr im Voraus zu reservieren.

Fédération Unie des Auberges de Jeunesse (FUAJ)
27, rue Pajol, 75018 Paris

Alle in diesem Buch empfohlenen Unterkünfte auf einen Blick

Komforthotels für höhere Ansprüche

Hotels mit Flair/besondere Lage

Mitteklassehotels

Einfache Hotels

Preisklassen

Die Preise gelten für eine Übernachtung im Doppelzimmer für zwei Personen ohne Frühstück.

★★★★ ab 150 €
★★★ ab 75 €
★★ ab 50 €
★ ab 25 €

Gastronomische Raffinesse,

Bouillabaisse und Krustentiere erwartet man – und findet eine ganz eigene Küche mit Socca, Mesclun, Pistou und Petit farcis.

Rue Saint-Antoine heißt in Cannes die feine Adresse für das Freiluftabendessen zwischen Meer und Altstadt. Hier reiht sich ein Restaurant an das andere.

Döner in Nizza und überall Pizza – isst Gott in Frankreich nicht mehr an der Küste? Kein Grund zur Beunruhigung. Neben der Markthalle in Menton und in der Altstadt von Nizza dampft in Riesenpfannen der **socca** genannte Kuchen aus Kichererbsenmehl, von dem man sich eine Portion abschneiden lässt, um dann festzustellen, wie überaus nahrhaft so ein kleiner Imbiss sein kann.

Wann genau es war, dass die Restaurantbesitzer im ganzen Land Verständnis dafür entwickelten, dass Menschen auch im Urlaub nicht mittags und abends mindestens dreigängige Menüs bewältigen mochten, ist umstritten. Fest steht: Wer lieber nur einen Gang essen möchte, wird heute nur noch selten unfreundlich bedient.

Ein **plat du jour**, ein Tagesgericht aus einem, höchstens zwei Gängen, gehört zum küstenweiten Angebot und wird auch in den Bergdörfern serviert.

Spezialitäten aus Nizza

Die über Frankreich hinaus am bekanntesten gewordene Spezialität der Côte d'Azur ist ein bemerkenswert einfaches und auch in Nizza nach wie vor beliebtes Gericht: nur Rohkost, grüne Salatblätter, Tomaten, schwarze Oliven und dazu Tunfisch, gekochtes Ei, Anchovisfilet. Nur mit etwas Öl ist das Ganze angemacht, und die Tomaten dürfen ordentlich gesalzen sein. Keinesfalls gehört Essig dazu. Im **salade niçoise** erkennt man das **pan bagnat** wieder. Es ist ja auch nur erfunden worden, um den beliebten Salat zum Strand mitnehmen zu können ... Für den kleinen Hunger zwischendurch reicht auch eine **pissaladière**, ein Zwiebelkuchen mit Sardellenpüree (**pissala**) und schwarzen Oliven. In Nizza, dem übrigens einzigen Küstenort, der eine ganz eigene Küche geprägt hat (**nissart** – man findet den Begriff auch im Namen von Restaurants), wird man auch auf die **tourte de blettes** stoßen, einen salzigen Kuchen, mit Mangoldblättern, Mandeln, Pinienkernen oder Korinthen belegt.

Das klingt dann doch alles nach Kurz- und Schnellimbiss? Man muss sich eben durch den Tag probieren, wird vielleicht auf einem der zauberhaften Märkte schon schwach (und satt), hat Oliven und Käse, Melonen und Äpfel, Erdbeeren oder Weintrauben, je nach Jahreszeit, probiert, gekauft und vielleicht zum Picknick ans Meer oder unter einen schattigen Baum getragen. Vielleicht sind sogar **violets** dabei, ganz junge Artischocken, die man roh essen kann. Oder **beignets de courgettes**? Das sind die gelben Zucchiniblüten, die in manch feinem Restaurant auch den Salatteller schmücken, hier sind sie in eine Art Krapfenteig getaucht und ausgebacken.

Aber irgendwann sinkt die Sonne ins Meer oder hinter die Berge, die Zeiger der Uhr bewegen sich auf halb acht zu. Und wer dann keinen Tisch hat reservieren lassen, wird sich besonders im Sommer nach einem vielleicht noch geöffneten Imbiss-Stand umsehen müssen. Die anderen genießen beim Apéritif schon einmal die Vorfreude, die eine gute Speisekarte weckt. Als Vorspeise **mesclun**? Das ist ein gemischter Salat mit Rauke und Löwenzahn, er sollte herzhaft schmecken. Oder doch lieber **petit farcis**? Damit sind kleine Tomaten, Zucchini oder Artischockenböden gemeint, mit einer Hackfleischmischung gefüllt und gratiniert.

Mediterrane Menü-Träume

Oben: Einheimische Genüsse warten überall – etwa an diesem Stand in Collobrières.

Mitte: Im »La Colombe d'Or« in Saint-Paul-de-Vence wurde einst das Hochzeitsmenü für Simone Signoret und Yves Montand serviert (→ MERIAN-Tipp S. 21).

Unten: Auf dem Markt in Antibes herrscht das ganze Jahr über buntes Treiben (→ S. 27).

Pistou verspricht Basilikum und erinnert Freunde der italienischen Küche an **pesto**, verfeinert somit als Paste, mit Knoblauch und Olivenöl gemischt, die Gemüsesuppe. Zur Fischsuppe gibt es Croûtons, Knoblauchzehen (zum Einreiben des gerösteten Brotes), geriebenen Käse und ein Schüsselchen **rouille**, eine mit Piment und Knoblauch abgeschmeckte Mayonnaise, die auf die eingeriebenen Croûtons gelöffelt wird, bevor man den Käse darüber streut und dann die Suppe auf das Ganze gießt. Es sieht ja nicht gerade edel aus, wie es miteinander verschmilzt und zerfällt – aber was für ein himmlischer Geschmack!

Fischgerichte

Bouillabaisse wird selten angeboten und wenn, muss man sie meist vorbestellen. Die Edelfischsuppe ist teuer. Längst vorbei sind die Zeiten, als die Einheimischen mit ihren Fischerbooten aufs Mittelmeer hinausfuhren, um die köstlichen Felsenfische frisch auf den Markt zu bringen. Wo gibt es noch Fischerboote?

Dorade und **rougets** schwimmen im Mittelmeer, allerdings in Zuchtanlagen. Die meisten Fische, die an der Côte d'Azur verkauft werden, kommen vielsagenderweise aus dem Atlantik.

Ravioli und Gnocchi kommen fast immer aus hauseigener Produktion. Wie wäre es mit **tripes à la niçoise**? Ein Kuttelgericht, das mit viel Knoblauch, mit Tomaten und Möhren zubereitet wird. **Estoficada** heißt das mit Tomaten zubereitete Stockfischragout.

Wunderbar frische Forellen (**truites**) kommen aus den Bergflüssen, und auch die Lammkeule (**gigot**) hat ihren würzigen Geschmack von den Bergen bei Sisteron.

Fast immer ist es preiswerter, ein Menü zu bestellen, zumal man in den meisten Fällen bei jedem Gang die Auswahl zwischen mehreren Vorschlägen hat. Das ist nicht nur günstiger für die Urlaubskasse, sondern auch für Magen und Linie – die Portionen sind kaum so groß, dass man etwa vor dem Dessert schon aufgeben müsste.

Wunderbare Weine

Viel Rosé wird dazu getrunken, selten Weißwein – ein köstlicher kommt aus Cassis –, immer wieder roter, aus dem Rhônetal, aus Burgund, aus der Umgebung, und dann wird er unter der Bezeichnung **Côte de Provence** angeboten.

Die Griechen haben die provenzalische Weinkultur vor unserer Zeitrechnung aus der Taufe gehoben, die Römer haben sie fortgesetzt. Im Mittalter überschritt die Reputation des provenzalischen Weins bereits die Grenzen: Man trank ihn auch am Hof zu London. Im 17. und 18. Jh. schätzten die französischen Könige ihn gleichermaßen. Und als im 20. Jh. der Tourismus die Küste eroberte, errang der Côte de Provence schnell eine Spitzenposition, erst bei hochwohlgeborenen Konsumenten und allmählich auch beim Volk.

Auf etwa 180 000 Hektar provenzalischen Grundes wächst der Wein, der mit AOC (Appellation d'Origine Contrôlée) ausgezeichnet ist. Die Anbaugebiete reichen von der Rhône-Mündung bis zu den Seealpen, und jede Region – von Sainte-Victoire über Haut-Var, von der Ebene bis zum Saum des Mauren-Massivs – steht für einen eigenen Geschmack. Angebaut werden für Rot- und Roséweine Grenache, Syrah, Cinsault, Cabernet, Carignan, Mouvèdre und Tibouren, für die Weißweine Rolle, Sémillon, Ugni-Blanc und Clairette.

Den Wein aus der Umgebung kann man oft auch offen im Krug, »en pichet«, bestellen. Franzosen bitten im Allgemeinen um Wasser dazu, »de l'eau plat« oder »en caraffe«, wobei sich in der Karaffe dann Leitungswasser befindet. Wer Gelegenheit hat, einen **Vin de Bellet** zu probieren, sollte sie nicht versäumen. Etwa ein Dutzend Weinbauern pflegen eines der ältesten französischen Weinanbaugebiete, das vermutlich seit mehr als zweitausend Jahren existiert. Im 19. Jh. war die Anbaufläche über tausend Hektar groß. Doch andere Interessen bedrohten sie von allen Seiten, so dass sie immer kleiner wurde. Heute sind es gerade noch 650 Hektar, etwa 50 davon in Terrassen kultiviert, auf denen ein seit 1941 mit dem Gütezeichen AOC ausgezeichneter Wein gedeiht.

Kurz und schmerzlos: das Frühstück

Jetzt fehlt noch der Espresso (**café!**) nach dem Essen, dann wird es Zeit für den Verdauungsspaziergang. Das Frühstück (**petit déjeuner**) fehlt? Es ist eigentlich nicht der Rede wert. Für 30 FF (meist nicht im Zimmerpreis inbegriffen) gibt es zum Kaffee oder Milchkaffee (**café au lait**) Croissant und Brot, ein Stückchen verpackter Butter und eingeschweißte Marmelade, bei 40 FF darf man mit einem Glas Orangensaft zusätzlich rechnen. Und wer in Saint-Tropez auf den berühmten roten Stühlen des »Cafés Sénequier« am Hafen frühstückt, darf für einen frischen Toaststapel mit dem Doppelten rechnen. In jedem Fall ist ein Trinkgeld (bis 10 Prozent) üblich.

Das Mittagessen (**déjeuner**) findet in Restaurants in der Regel zwischen 12.30 und 15 Uhr statt, das Abendessen (**dîner**) zwischen 19.30 und 21.30 oder 22 Uhr.

Preisklassen

Die Preise gelten für ein Menü ohne Getränke und Trinkgeld.

★★★★ ab 45 €
★★★ ab 25 €
★★ ab 20 €
★ ab 13 €

MERIAN-Tipp

La Colombe d'Or in Saint-Paul-de-Vence »Zur Goldenen Taube« nennt sich der einst bescheidene Landgasthof am Dorfeingang von Saint-Paul-de-Vence, der 1925 noch »Zum Robinson« hieß. Damals kamen hier dann und wann ein paar kaum bekannte Maler von der Küste herauf, zum Beispiel Paul Signac oder Soutine ... Der Sohn des Gastwirts, Paul Roux, mag er nun kunstsinnig oder geschäftstüchtig gewesen sein, schätzte die jungen Talente. Papa machte das Gasthaus zum Hotel, nannte es »Goldene Taube« und lud wichtige Leute und Journalisten ein. Und natürlich seine Freunde, die Maler, die von ihm – fast – unentgeltlich beherbergt wurden: Nur ein Bild mussten sie hinterlassen. Paul Roux starb 1953, aber seine Nachfolger haben die Legende erhalten. Sie ist sehr luxuriös, was die Preise betrifft. Pl. du Général de Gaulle, St-Paul-de-Vence; Tel. 04 93 32 80 02; Nov.–20. Dez. geschl. ★★★★ AmEx DINERS EURO VISA

■ C 7, S. 120

Im Restaurant

Die Speisekarte bitte	*la carte, s'il vous plaît [la kart sil vu plä]*
Die Rechnung bitte	*l'addition, s'il vous plaît [ladisjõ sil vu plä]*
ich nehme...	*je prends... [schö prã]*
Wo finde ich die Toiletten (Damen/Herren)	*où sont les toilettes (dames/hommes) [u sõ leh toalät (dam/om)]*
Kellner	*monsieur [misjöh]*
Frühstück	*petit déjeuner [pti dehschöneh]*
Mittagessen	*déjeuner [dehschöneh]*

A

à point: fast gar, »medium«
addition: Rechnung
agneau: Lamm
ail: Knoblauch
amandes: Mandeln
anchois: Sardellen (Anchovis)
andouillette: Bratwurst aus Innereien

B

beignet: Krapfen
beurre: Butter
bien cuit: durchgebraten
bière: Bier
– pression: vom Fass
bœuf: Ochse, Rind
bouillabaisse: Fischsuppe
brioche: lockeres Hefegebäck

C

cabillaud: Kabeljau
café crème: Kaffee mit Milch
– liégeois: Eiskaffee
canard: Ente
carafe d'eau: Karaffe Wasser
charlotte: Biskuit in süßer Sauce
chèvre: Ziege, Ziegenkäse
chocolat chaud: Kakao
– liégeois: Eisschokolade
cidre: Apfelmost
clafoutis: Auflauf mit Obst
colin: Seehecht
concombre: Salatgurke
confit: Ente, Gans, Schwein in eigenem Fett eingelegt
coq au vin: Hähnchen in Wein
coquillages: Schalentiere
côte d'agneau: Lammkotelett
courgettes: Zucchini
couvert: Gedeck
crème: Sahne
– chantilly: süße Schlagsahne
crêpe: dünner Pfannkuchen
crevettes: Garnelen
croque-madame: überbackener Toast mit Spiegelei
croque-monsieur: Toast mit Schinken und Käse überbacken
crudités: Rohkost als Vorspeise
crustacés: Krustentiere

D

déjeuner: Mittagessen
digestif: Verdauungsschnaps
dindon: Truthahn
dîner: Abendessen

E

eau: Wasser
– plate: ohne Kohlensäure
– gazeuse: mit Kohlensäure
écrevisses: Krebse
entrecôte: Lendenstück
entrée: Vorspeise
épicé: gewürzt, scharf
escalope: Schnitzel
escargots: Schnecken

F

farci: gefüllt
foie gras: Gänseleberpastete
fraises: Erdbeeren
frit: gebacken
fromage blanc: Käse, Quark
fruits: Obst
– de mer: Meeresfrüchte
fumé: geräuchert

G

gâteau: Kuchen
gaufrettes: Waffeln
gigot: Lammkeule
glace: Eis

glaçons: Eiswürfel
grillade: gegrilltes Fleisch
grenadine à l'eau: Granatapfelsaft mit Wasser

H
haricots: Bohnen
herbes: Kräuter
hors-d'œuvre: kalte Vorspeise
huile: Öl
huîtres: Austern

I/J
infusion: Kräutertee
jus de fruits: Obstsaft
jambon: Schinken

L
lait: Milch
laitue: Kopfsalat
lentilles: Linsen
lièvre: Hase

M
mauresque: Pastis mit Mandelmilch
menthe à l'eau: Pfefferminzextrakt mit Wasser
miel: Honig
moules: Miesmuscheln
moutarde: Senf
mouton: Hammel

N
noisette: Haselnuss
noix: Walnuss

O
œuf: Ei
oie: Gans
oignon: Zwiebel

P
pain: Brot
panaché: Bier mit Limo (Radler, Alster)
pastis: Anisschnaps
pâtes: Teigwaren
pâtisserie: Gebäck
pichet: Krug *(en pichet:* offener Wein*)*
pieds de cochon: Schweinsfüße
pieuvre: Krake
pigeon: Taube
pignons: Pinienkerne
piment doux: Paprika- oder Pfefferschote
pistou: Basilikumsuppe
plat du jour: Tagesgericht
poivre: Pfeffer
pommes: Äpfel
– de terre: Kartoffeln
porc: Schwein
potage: Suppe
poulet: Hähnchen
prix nets: Preise inkl. Bedienung

Q
quenelles: Klöße aus Fleisch, Geflügel oder Fisch

R
raisins: Weintrauben
rillettes: Schweinepastete
rôti: Braten

S
saignant: »englisch« gebraten
sauté: geschmort
saucisse: Würstchen
saumon fumé: geräucherter Lachs
sel: Salz
service compris: mit Bedienung
sole: Seezunge
sucre: Zucker
suppléments: Aufpreis

T
tapenade: Olivenpaste
tarte: Torte
tisane: Kräutertee
tournedos: Rindsfilet
tripes: Kutteln
truffes: Trüffel
truite: Forelle

V
vin rouge: Rotwein
vin blanc sec: trockener Weißwein
vinaigre: Essig
volaille: Geflügel

Y
yaourt: Joghurt

An der blauen Küste trifft man sie alle – die Aufgeputzten und die Verträumten, die Koketten und die Versteckten, die auf den ersten Blick noch Unscheinbaren – jedenfalls im Sommer.

Man erkennt im Grenzstädtchen Menton die Erdfarben aus dem benachbarten italienischen Ligurien wieder. Napoleon III. hat den Ort den Grimaldis abgekauft.

Traumhaft gelegen, Treffpunkt von Dichtern und Malern, Sehnsuchtsziel seit hundert Jahren und in der Nähe die Zukunft: das Technologiezentrum Sophia-Antipolis.

Antibes

■ D 8, S. 121

90 000 Einwohner
Stadtplan → S. 29

Obwohl zwischen zwei Buchten gelegen, macht Antibes zunächst gar nicht den Eindruck eines Küstenortes. Hinter den intakten Mauern der ehemaligen Grenzbastion scheint das Meer unendlich weit weg. Ganz provenzalisch spielt sich das Leben in den verwinkelten, blumengeschmückten Gassen der **Altstadt** ab, genau wie auf dem Markt. Das macht die Stadt so untouristisch, wie Reisende es sich wünschen und nicht zu hoffen wagen. Aber der erste Eindruck täuscht: Hier hat alles seinen Platz. Hinter den Platanen der Place Nationale führen Neubauten unübersehbar in die Gegenwart. Wer den Mauern nach Norden folgt, zum **Port Vauban**, der nach Frankreichs berühmtestem Festungsbaumeister benannt wurde, kommt zu einem der größten Yachthäfen der Welt.

Der Weg nach Süden, zum **Cap d'Antibes** und nach **Juan-les-Pins**, offenbart, dass der 1882 gegründete Badeort im Pinienwäldchen auch als »Vorort« nichts von seiner Exklusivität verloren hat. Zwar wurden die Schriftsteller der »Lost Generation« (Ernest Hemingway, Scott Fitzgerald, Gertrude Stein, Alice Toklas und Dos Passos) längst von Stars wie Madonna abgelöst – und es ist nicht leicht, sich das noble **Eden Roc** als Nachfolger eines Künstler-Asyls vorzustellen. Aber auch die internationale Jazz-Elite gibt sich hier jeden Juli ein weltberühmtes und gar nicht elitäres Stelldichein.

Wie eine Festung schiebt sich Antibes ins Meer. Die drittgrößte Stadt an der Côte d'Azur, von Amerikanern »entdeckt«, mit einem der größten Yachthäfen, gibt sich verblüffend untouristisch.

Hotels/andere Unterkünfte

Auberge Provençale M ■ b 1
Mitten in der Stadt, mehr großes Haus als Hotel, im provenzalischen Stil und mit Garten. Restaurant mit Fischspezialitäten.
61, pl. Nationale; Tel. 04 93 34 13 24, Fax 04 93 34 89 88; 10 Zimmer ★★
AmEx EURO DINERS VISA

Mas Djoliba ■ b 2
Schönes provenzalisches Landhaus mit der entsprechend angenehm-traditionellen Einrichtung, von Grün umgeben und mit Schwimmbad. In der Saison wird Halbpension gewünscht.
29, av. de Provence; Tel. 04 93 34 02 48, Fax 04 93 34 05 81; E-Mail: info@hotel-pcastel-djoliba.com; 13 Zimmer ★★★ AmEx EURO DINERS VISA

Le Relais du Postillon ■ b 1
Zwar nicht an der Post-, aber in der Nähe der Busstation, zentral, einfach, mit Restaurant und Terrasse.
8, rue Championnet; Tel. 04 93 34 20 77, Fax 04 93 34 61 24; E-Mail: Postillon@atsa.com; 14 Zimmer ★★ AmEx EURO DINERS VISA

Spaziergang

Die **Promenade Amiral-de-Grasse** führt an der Befestigung entlang, die allen Belagerungen widerstanden hat. Nach Süden blickt man auf das Cap d'Antibes, nach Norden erstreckt sich die Engelsbucht (Baie des Anges) bis Nizza. Vom **Cours Masséna** über einen der schönsten Märkte der Küste (Di–So vormittags) unterhalb von Kathedrale und Grimaldi-Schloss durch die **Rue Guillaumont** an hübschen kleinen Läden vorbei geht es bis zur Place Nationale mit dem **Peynet-Museum**.

Zurück geht es durch die schmalen Gassen mit kleinen Häusern hinter üppigen Blumen, Rue de l'Horloge, des Arceaux, du Bari. Die Rue du

Bas-Castellet führt mit flachen Stufen **ins Quartier Safranier**, das 1966 beschlossen hat, eine freie Gemeinde mit eigenem Bürgermeister zu werden. Wenige Schritte führen zur **Bastion Saint-André** mit dem **Archäologie-Museum**.

Ganz anders der Spaziergang über den **Sentier Tirepoil**, eine gute halbe Stunde am Ende des Caps entlang: eine wilde Küste, vor der nur das Meer rauscht. Er beginnt an der **Bucht de la Garoupe** neben der Plage Michel.

Sehenswertes

Cap d'Antibes ■ b 4

Villen, Gärten und schließlich, auf dem 78 m hohen Plateau de la Garoupe, ein Leuchtturm. Die Orientierungstafel verrät, dass man von hier aus die Lérins-Inseln und die Seealpen sieht. In der Wallfahrtskirche **Notre-Dame-de-la-Garoupe** viele Votivtafeln dankbarer Pilger. Im **Jardin Thuret**, nach dem Botaniker benannt, der ihn 1856 anlegen ließ, standen die ersten Eukalyptusbäume in Europa – aus Australien.

Église de l'Immaculée-Conception ■ b 1

Verschiedene Stile verraten eine bewegte Vergangenheit der Kathedrale auf den Fundamenten eines griechischen Tempels. Romanisch ist noch der Chor, und in einer Kapelle rechts ist ein Altarbild zu entdecken, das 1515 Louis Bréa schuf.

Neben dem Grimaldi-Schloss

Fort Carré ■ b 1

Auf sternförmigem Grundriss und mit vier Bastionen steht die im 17. Jh. vollendete Festung, die nie erobert worden ist, auf einem Felsen über dem Yachthafen Port Vauban und seinem »Quai der Milliardäre«.

Im Sommer Di–So, im Winter Mi, Sa, So 10–12.30 und 13.30–16 Uhr

Marineland ■ D 7, S. 121

Rund 1,2 Millionen Besucher werden Jahr für Jahr in Marineland, einem Meeres-Entdeckungspark, gezählt. Mittelmeerbewohner tummeln sich in großen Aquarien, Quallen, so schön, dass man sie lieber Medusen nennen möchte, entfalten sich, und Haie zeigen ihre Zähne. Die Farbenvielfalt wurde 1999 durch das neue Tropenaquarium noch erhöht.

306, av. Mozart (RN 7), tgl. ab 10 Uhr; Erw. 18 €, Kinder (3–12 J.) 12 €

Museen

Musée d'Archéologie ■ b 2

Funde aus griechischer und römischer Zeit vermitteln in der Bastion St-André eine Vorstellung vom antiken Antipolis.

Av. Maizière; Di–So 10–12 und 14–18 Uhr

Musée Peynet ■ b 1

Die Lampe im »Zimmer der Liebenden« ist von vorwitzigen Engeln besetzt, Fische spielen schon mal Geige. Franzosen lieben den humoristischen Zeichner, der bis zu seinem Tod 1978 in Antibes lebte und dessen Werke hier ausgestellt sind.

Pl. Nationale; Di–So 10–12 und 14–18 Uhr

Musée Picasso ■ b 1

1

Der Postkartenblick aus dem Fenster zeigt Skulpturen von Germaine Richier (1904–1959) vor Meeresblau. Im ehemaligen Grimaldi-Schloss (Château Grimaldi), dessen oberstes Stockwerk Picasso 1946 als Atelier nutzen konnte, entstand eine unglaubliche Vielfalt von Arbeiten, die er dem Schloss für das heutige Museum überließ. Picasso hatte selbst Aufstellung und Hängung seiner Arbeiten überwacht und außerdem angeordnet, dass nichts aus dem Museum entfernt werden dürfte. Eine überschäumende Lebensfreude zeigt sich in den Werken des großen Bestandes (252 Arbeiten), ergänzt

um die Gemälde und Objekte berühmter Zeitgenossen wie Jean Miró, Max Ernst, Alexander Calder, Magnelli ...
Pl. Mariéjol; Juni–Sept. Di–So 10–18 Uhr, Okt.–Mai 10–12 und 14–18 Uhr

Essen und Trinken

La Bonne Auberge M ■ D 7, S. 121
Die gute Herberge gehört schon zu den Küchenlegenden: Hummersalat und Ravioli, ein wunderbares Oliven-Daube, das Lamm ...
RN 7 Richtung Nizza, vor Villeneuve-Lobet; Tel. 04 93 33 36 65; Mo geschl. ★★★
AmEx EURO DINERS VISA

Chez Juliette ■ b 1
Man riecht das Holzkohlenfeuer im alten Gewölbe. Ein angenehmer Ort, an dem provenzalische Gerichte serviert werden.
18, rue Sade; Tel. 04 93 34 67 37; Mo und Di mittags geschl. ★★ AmEx EURO DINERS VISA

L'Oursin ■ b 1
Nur Fische und Meeresfrüchte, immer frisch, köstlich zubereitet. Man fühlt sich wie auf einem Schiff in ruhigen Gewässern.
16, rue de la République; Tel. 04 93 34 13 46 ★★ AmEx EURO DINERS VISA

Le Safranier M ■ b 2
Ein Ort wie im provenzalischen Dorf mitten in der Stadt. Man isst Fisch, und es lohnt sich, eine Bouillabaisse vorzubestellen.
1, pl. du Safranier; Tel. 04 93 34 80 50; Mo geschl. ★ (keine Kreditkarten)

La Socca
Nur ein kleiner Raum und immer wieder Schlangen vor der Tür, Leute, die für ein Stück **socca** im Stehen und für eine köstliche Pizza anstehen.
1, rue James-Close; Tel. 04 93 34 15 00; Mo geschl. ★ (keine Kreditkarten)

Am Abend

Legend Café
Angenehmer Ort für einen langen Abend bei diversen Bieren, mit jungem Publikum.
Pl. Audiberti; tgl. bis 2.30 Uhr

La Siesta nördlich ■ b 1
Teuer, sogar sehr teuer, dennoch zieht es im Sommer tausende zum wohlbekannten Ort zu einem vergnüglichen Abend unterm Sternenzelt oder auf die sechs exotisch dekorierten Tanzflächen.
Uferstraße Richtung Nizza

Service

Auskunft
Office du Tourisme ■ b 1
11, pl. du Général-de-Gaulle, 06600 Antibes; Tel. 04 92 90 53 00, Fax 04 92 90 53 01; Internet: www.guide-azur.com

Aqua-Splash ■ D 7, S. 121
→ S. 88

Ziele in der Umgebung

Biot ■ C 7, S. 120

5700 Einwohner

Der einstige Hauptort der Ligurer – man spricht ihn Biòtt aus – stand damals für gute Töpferware und große irdene Krüge und Glaswaren. 32 Fabriken gab es im Ort, dann kamen Revolution und Kriege, und das Geschäft war beendet. Erst in den 50er Jahren kamen die großen Gefäße wieder in Mode. Die Glasbläser fertigten, was Kunden gefiel. Nun kommen sie wieder in das charmante Dorf, tafeln unter Arkaden, kaufen Glas in den sieben Glasbläsereien und besuchen das **Musée National Fernand-Léger**, die »Kathedrale der modernen Kunst«, die 1960 und fünf Jahre nach dem Tod des Künstlers eingeweiht wurde (Juli–Sept. Mi–Mo 11–18, sonst 10–12.30 und 14–17.30 Uhr).

Hotels/andere Unterkünfte

Auberge de la Vallée Verte
Ein Bauernhaus mit Schwimmbad und angenehmem Restaurant.
3400, route de Valbonne;
Tel. 04 93 65 10 93, Fax 04 92 94 04 91;
11 Zimmer ★★ (keine Kreditkarten)

Service

Auskunft
Office du Tourisme
Pl. de la Chapelle, 06410 Biot;
Tel. 04 93 65 05 85, Fax 04 93 65 70 96

Cagnes-sur-Mer ■ D 7, S. 121

35 500 Einwohner

Cagnes-Centre ist eine moderne Stadt, Cros-de-Cagnes eine nicht sonderlich attraktive Feriensiedlung am Meer, aber das mittelalterliche Haut-de-Cagnes ein malerischer Ort, den das ehemalige **Château Grimaldi**

Oben: Spiel mit Formen und Farben im Léger-Museum in Biot.

Mitte: Das Grimaldischloss in Antibes, in dem Picasso während seiner »glücklichsten Zeit an der Côte« arbeitete, hinterließ er als Museum (→ S. 28).

Unten: Farben und Formen auf dem Markt von Antibes inspirieren heute noch Künstler wie Köche.

aus dem 14. Jh., mit schönem Renaissance-Innenhof, beherrscht. Im 17. Jh. wurde es barock umgebaut. Heute birgt es mehrere **Museen**, für Archäologie, moderne Kunst des Mittelmeerraumes und das Musée de l'Olivier (im Sommer Mi–Mo 10–12 und 14–18 Uhr, im Winter bis 17 Uhr).

Von der N 7 ausgeschildert ist der Weg nach **Les Collettes**, wo der rheumakranke Maler Jean Renoir auf Anraten seines Arztes inmitten von Olivenbäumen seine letzte Bleibe (1907–1919) fand. 1960 hatte die Stadt das Anwesen gekauft und eine Renoir-Gedenkstätte ohne große Veränderungen eingerichtet. Zu besichtigen sind Garten, Räume, Bilder und Skulpturen (im Sommer Mi–Mo 10–12 und 14–18 Uhr, im Winter bis 17 Uhr), auch Maillols Renoir-Büste. Ende Juli/Anfang August findet im Garten »La Nuit des Contes«, die Märchennacht, statt, im November das Olivenfest. Ein ganz besonderes Ereignis sind im Juli und August die nächtlichen Pferderennen im Hippodrome am Meer.

Hotels/andere Unterkünfte

Le Mas d'Azur
Als das Haus 1751 gebaut wurde, lag es noch nicht an einer lauten Nationalstraße. Man kommt auf den Hof, und die Zeit scheint stehen geblieben zu sein. Es ist ruhig, und einen schönen Garten gibt es auch.
42, av. de Nice; Tel. 04 93 20 19 19;
15 Zimmer ★ AmEx EURO DINERS VISA

Le Val Duchesse
Nur 50 m vom Strand entfernt und ruhig in einem Palmengarten gelegen, mit Schwimmbad und Parkplätzen und günstigen Preisen für Leute, die mindestens eine Woche bleiben.
11, rue de Paris, Cros-de-Cagnes;
Tel. 04 92 13 40 00, Fax 04 92 13 40 29;
24 Zimmer ★★ AmEx EURO DINERS VISA

Essen und Trinken

Les Baux
Im Schatten des Schlosses in Haut-de-Cagnes wird zwar eine für die Region ungewöhnliche Sahne-Küche zelebriert, aber es gibt auch Salate und gegrillten Fisch.
2, pl. du Château; Tel. 04 93 73 14 00 ★★
(keine Kreditkarten)

La Villa du Cros
Sehr schönes, kleines Abend-Restaurant am Fischereihafen. Hier werden Loup und Tintenfische gegrillt, Ravioli mit Pilzen gefüllt.
Port de Cros-de-Cagnes; Tel. 04 93 07 57 83;
Mo geschl. ★★ AmEx EURO DINERS VISA

Service

Auskunft
Office du Tourisme
6, bd. du Maréchal-Juin, 06800
Cagnes-Centre; Tel. 04 93 20 61 64,
Fax 04 93 20 52 63

Saint-Paul-de-Vence

C 7, S. 120

Das Dorf selbst ist schon hübsch (2900 Einwohner) – aber die **Fondation Maeght** in St-Paul-de-Vence ist eine Pilgerstätte, die keine Saison kennt. 1964 hat das Kunsthändlerpaar Aimé und Marguerite Maeght eine Kunst-Landschaft mit Museum geschaffen, die Jahr für Jahr um 200 000 Besucher zählt. Mosaike von Chagall, Skulpturen von Miró, skurrile Brunnen von Tal-Coat und Pol Bury schmücken den Garten. Zur imposanten Kollektion, die im Gebäude des Katalanen Josep Lluis Sert gezeigt wird, gehören Werke aller wichtigen Künstler des 20. Jh. Die Fondation ist nicht nur Museum, sondern auch Künstlertreffpunkt und Kunstbibliothek (Juni–Sept. tgl. 10–19, Okt.–Mai 10–12.30 und 14.30–18 Uhr).

Hotels/andere Unterkünfte

La Grande Bastide
Das Landhaus aus dem 18. Jh. ist heute ein charmantes kleines Landhotel mit hübschen Zimmern. Ein gutes Frühstück, ein Swimmingpool, und vom Garten aus sieht man, weit weg, das Meer.
Route de la Colle; Tel. 04 93 32 50 30, Fax 04 93 32 50 59; E-Mail: stpaullgb@lemel.fr
11 Zimmer ★★★ AmEx EURO DINERS VISA

Le Hameau
Man wohnt sehr schön im Grünen mit Garten und Schwimmbad und wunderbarem Blick auf das Dorf. Die Zimmer (mit Klimaanlage) sind sehr gut ausgestattet.
528, route de la Colle; Tel. 04 93 32 80 24, Fax 04 93 32 55 75; 17 Zimmer ★★★
AmEx EURO DINERS VISA

Die Fondation Maeght in Saint-Paul-de-Vence besuchen Kenner immer wieder. Neben Werken von Matisse, Giacometti, Riopelle, Tapiès und anderen bedeutenden Künstlern des 20. Jahrhunderts gibt es in jedem Jahr große Sonderausstellungen.

Essen und Trinken

Café de la Place
Eine Institution, deren Ruf offenbar bis Übersee reicht, am Rand des Bouleplatzes. Vielleicht sitzt einer am Tisch, der hier schon gesessen hat, als Simone Signoret und Yves Montand Gäste am Nebentisch waren.
Pl. du Général-de-Gaulle;
Tel. 04 93 32 80 03; tgl. nur mittags ★

La Fontaine
Man kommt hierher, weil es ein Treffpunkt mitten im Ort ist. Die Einheimischen betrachten beim Aperitif die Touristen. Die Touristen freuen sich, weil die Dorfbewohner neben ihnen sitzen. Die Hungrigen bekommen zu essen.
Pl. de la Fontaine; Tel. 04 93 32 74 12;
Di geschl. ★★

Service

Auskunft
Office du Tourisme
2, rue Grande, 06570 St-Paul-de-Vence;
Tel. 04 93 32 86 95, Fax 04 93 32 60 27;
E-Mail: artdevivre@wanadoo.fr

Valbonne ■ C 7, S. 120

10 700 Einwohner

Zuerst war nur ein Kloster, die Kirche gibt es noch. Aber das angrenzende Dorf war 1350 zerstört worden, und so ließ der Bischof von Grasse rund um einen von Arkaden gesäumten, wunderschönen Marktplatz ein quadratisches Dorf anlegen. Die Teestube deutet darauf hin, dass das nahe **Technologiezentrum Sophia-Antipolis** (Parc Inter-National d'Activités) auch Engländer anlockt (Besuche organisiert das Office du Tourisme, 11, av. St-Roch, Tel. 04 93 12 34 50). In dem französischen »Silicon Valley« arbeiten 22 000 Menschen in 900 internationalen Firmen.

An der Straße nach Opio (3 km) liegt die frühromanische Kirche **Notre-Dame-du Brusc**, offensichtlich auf dem Platz einer antiken Kultstätte errichtet.

Vallauris ■ C 8, S. 120

25 800 Einwohner

Einladend sieht der Ort auf den ersten Blick nicht aus. Die Töpferei war schon zur Römerzeit bekannt. **Picasso** kam und lernte ein neues Handwerk, sein »Kleiner Faun« entstand hier 1946. Über 2000 Tonarbeiten produzierte er – und gab dann auf. Sein »Mann mit dem Schaf« auf dem Marktplatz (Pl. Paul Isnard) rief sehr gemischte Reaktionen hervor. Aber Vallauris konnte den Wert seines genialen Schülers einschätzen und bat ihn, die romanische Kapelle im alten **Renaissance-Schloss** auszumalen. Picasso schenkte der Kommune sein heute weltberühmtes Wandbild »Krieg und Frieden«. Damit wurde das Ensemble, dem auch das benachbarte **Töpfereimuseum** angehört, **Nationalmuseum** (Pl. de la Libération, **Musée National Picasso** Juli/Aug. Mi–So 10–12.30 und 14–18.30 Uhr, sonst 10–12 und 14–18 Uhr; **Musée de la Céramique** 9–19, Winter bis 18 Uhr, So vormittags geschl.). Nicht zu vergessen die **Maison de la Pétanque**, in der Spieler alles über ihre Leidenschaft erfahren können (193, chemin de St-Bernard, Mo–Fr 9–12 und 14–18.30 Uhr).

Einkaufen

Galerie Sassi-Milici
Schöne Atmosphäre, viele Farben, Keramikarbeiten von Boncompain.
65, av. Georges-Clemenceau

Roger Collet M
Ein Keramikstudio voller Überraschungen neben der Kirche.
Montée Ste-Anne

Service

Auskunft
Office du Tourisme
Square du 8-mai-1945, 06220 Vallauris; Tel. 04 93 63 82 58, Fax 04 93 63 95 01

Vence ■ C 7, S. 120

13 500 Einwohner

Das Erste, was der Besucher wahrnimmt, wenn er das mittelalterliche Gassengewirr betritt, ist das Plätschern der Brunnen. So muss es auch gewesen sein, als Maler und Schriftsteller (Raoul Dufy, André Gide, Paul Valéry) den Ort in den 20er Jahren entdeckten. In der ehemaligen Kathedrale (**Ancienne Cathédrale**) wurde ein römischer Sarkophag zum Altar. Auf einem Mosaik von Chagall in der Taufkapelle wird Moses aus dem Nil gerettet (1979).

In Richtung St-Jeannet fährt man zur **Chapelle du Rosaire** (av. Henri Matisse), der Hauskapelle eines Dominikanerklosters, die Henri Matisse 1848 bis 1851 ausgestaltet hat. Ein lichter Raum, in dem nur die Fenster mit leuchtendem Blau, Zitronengelb und kräftigem Grün für die 6

Blätter des Lebensbaumes Aufmerksamkeit beanspruchen – »so fröhlich, dass man einen Ballsaal daraus machten könnte«, wie Aragon befand. Für Matisse »das Ergebnis einer lebenslangen Suche nach der Wahrheit« (Di und Do 10–11.30 und 14.30–17.30 Uhr, Juli, Aug. und während der Schulferien auch Mi, Fr und Sa 14.30–17.30 Uhr, Nov.–Mitte Dez. geschl.).

Hotels/andere Unterkünfte

La Maison du Rosaire
Sicher nichts für Familien mit Kindern, aber ein zudem kostengünstiges Erlebnis in klösterlicher Einfachheit neben der Rosenkranzkapelle. Man muss mindestens 48 Stunden bleiben, aber nicht gemeinsam mit den Nonnen essen und auch nicht zum Gottesdienst in die Kapelle.
466, av. Henri-Matisse; Tel. 04 93 58 03 26, Fax 04 93 58 21 10 ★ (keine Kreditkarten)

Le Provence M
Zwei junge Schweden haben gegenüber dem Tor zur Altstadt ein entzückendes Hotel eingerichtet. Die Frühstückstische verlieren sich zwischen Blumen und Büschen im Hof.
9, av. Marcellin-Maurel; Tel. 04 93 58 04 21, Fax 04 93 58 35 62; 13 Zimmer ★★
AmEx EURO DINERS VISA

Essen und Trinken

Le P'tit Provencal
Freundlich, gut, auch bei Einheimischen beliebt mitten in der Altstadt.
4, pl. Clemenceau; Tel. 04 93 58 50 64; So abends und Mo außerhalb der Saison geschl. ★★ AmEx EURO DINERS VISA

Service

Auskunft
Office du Tourisme
8, pl. du Grand-Jardin, 06140 Vence; Tel. 04 93 58 06 38, Fax 04 93 58 91 81

Villeneuve-Loubet

12 900 Einwohner ■ D 7, S. 121

Ungefähr 2 km von der Küste entfernt liegt am linken Ufer des Loup, etwa 3 km von Cagnes, ein sehr schönes Städtchen mit einem mittelalterlichen Schloss und einem Museum für Kochkunst (**Musée de l'Art Culinaire**) im Geburtshaus des berühmten Küchenmeisters Auguste Escoffier (1847–1935). Gezeigt wird, was zur Esskultur gehört, bis zur alten Speisekarte (im Sommer Di–So 14–19, sonst bis 18 Uhr).

Davon ahnt nichts, wer die Küstenstraße mit der **Marina Baie des Anges** passiert. Vier riesige Betonwogen, gefüllt mit luxuriösen Ferienwohnungen, überragen den Strand und den Yachthafen. Dahinter erstreckt sich auf 100 ha der **Parc Naturel Vaugrenier**, eine grüne Oase mit dem einzigen Süßwassersee der Region Alpes-Maritimes.

MERIAN-Tipp

Carte Musée Côte d'Azur
Museumsfreunde sind besonders günstig mit der Carte Musée Côte d'Azur unterwegs. Man kann sie für drei aufeinander folgende Tage (80 FF) oder sieben Tage (150 FF) erwerben (wobei letztere in einem Zeitraum von 14 Tagen genutzt werden darf) und hat damit freien Eintritt in 62 Kunst- und Geschichtsmuseen und in Gärten der Riviera. Sie können die Museumskarte in den Museen selbst kaufen, bei den Offices du Tourisme in Antibes, Nizza, Cagnes-sur-Mer, Èze, Grasse, Vallauris und Vence, in den FNAC-Geschäften und beim Thomas-Cook-Wechselbüro.

Croisette, Casino und Kongresse allein würden den weltberühmten Ort auch ohne Filmfestspiele zum Inbegriff der Côte d'Azur der Schönen und Reichen machen.

Cannes

■ C 8, S. 120

75 000 Einwohner
Stadtplan → S. 39

Wenn die ersten Sonnenstrahlen die berühmte Palmenreihe der **Croisette** genannten Promenade streicheln, wird der Auftritt vorbereitet: Wasserwagen fahren vorüber, Bürgersteine vor Hotels und Restaurants sind gesäubert. Sogar der Dunst, der aus dem Meer und wenigen Schiffchen einen japanisch anmutenden Scherenschnitt gezaubert hatte, verzieht sich. Der neue Tag kann kommen. Mit ihm kommen die sorgsam ondulierten alten Damen, in Haute Couture gewandet. Mit Schmuck behängt. Wer hätte gedacht, dass es so etwas wirklich gibt? Das Stöckchen mit dem Goldknauf lehnt am Frühstückstisch. Bitte den Sonnenschirm etwas zur Seite.

Die frühen Touristen, in kurzen Hosen und weitem T-Shirt, eilen vorbei. Cannes ist eine Bühne, auch ohne Stars und Sternchen. Vielleicht auch eine Lebensart – dann jedoch eine vielschichtige, es scheint alles nebeneinander Platz zu finden. Man könnte es für die Heimat aller Verrücktheiten halten, denen von gestern und denen von heute. Und das macht den Reiz der Stadt aus.

Wie wäre Cannes ohne Cholera geworden? Vielleicht genauso, nur etwas später. Jedenfalls lag es an der verheerenden Krankheit (die allerdings im nahen Nizza tobte), die es 1834 dem britischen Schatzkanzler Lord Brougham verbot, mit Töchterchen Eleonore weiterzureisen. Die wunderbare Naturkulisse – heute kaum wahrzunehmen – am **Golfe de Napoule**, für die man in der Antike kein Auge hatte, dekorierte lange ein Fischerdorf. Der Lord ließ sich eine Villa (im **Quartier des Anglais**) bauen, er blieb nicht der Einzige. Er kam Winter für Winter, 34 Jahre lang, und nun ist er hier auch begraben. Genau wie andere auch, die sich ihre Traumpaläste ans Meer stellen ließen.

Zwölf-Zimmer-Suite gefällig? Dazu ein marmornes eigenes Fitnesscenter? Im Carlton kein Problem. Selbstverständlich hat das Traditionshotel von Cannes auch einen Privatstrand – man muss nur die Croisette überschreiten. Günstigere und kleinere Zimmer sind auch zu haben, aber immer noch für viele bunte Euroscheinchen.

Man geht durch ein architektonisches Bilderbuch der schönsten Hotelpaläste, mit dem eleganten **Majestic** (1926) von Henri Ruhl, dem feinen **Martinez** (1929) von Charles Palmero, sieht klassisch Neo-Provenzalisches und gemäßigtes Art déco. Wie Kaskaden stürzen Balkonvorsprünge aus weißen Mauern – alles nur Fassade, die Rückseiten sind sehr bescheiden. Dass Cannes nicht nur Glanzzeiten erlebte, ist daran zu erkennen, dass mancher der Paläste längst in Wohnungen aufgeteilt und verkauft worden ist. Deswegen mangelt es noch lange nicht an Luxusquartieren. Dennoch ist Cannes eine einzige Operette, der schöne Schein etwas verstaubt und dennoch fröhlich.

Hotels/andere Unterkünfte

Von den 4875 Hotelzimmern der Stadt befinden sich 2147 in Vier-Sterne-Häusern. 327 Tage im Jahr ist in Frankreichs zweitwichtigster Kongress-Stadt nicht nur das Festivalpalais (zu Recht »Bunker« genannt) ausgebucht.

De France ■ b 1
Art déco wie von gestern, gepaart mit dem Luxus von heute: Klimaanlage, Föhn, Safe, und bei den Zimmern 501

bis 508 genießt man außerdem den erträumten Blick aufs Meer aus zentraler Lage.
85, rue d'Antibes; Tel. 04 93 06 54 54, Fax 04 93 68 53 43; E-Mail: hotel-france.cannes@wanadoo.fr; 33 Zimmer ★★★ AmEx EURO DINERS VISA

Molière c 1
Ob im neuen Haus oder dem aus dem 19. Jh., modern oder klassisch eingerichtet, schöne Zimmer in Zentrums- (und Croisette-)nähe. Neben dem Frühstücksgarten drei behindertengerechte Zimmer.
5/7, rue Molière; Tel. 04 93 38 16 16, Fax 04 93 68 29 57; 42 Zimmer ★★★ AmEx EURO DINERS VISA

National a 1
Ein freundliches Hotel in englischer Hand, so günstig (zum Strand, zum Bahnhof) gelegen, dass sich ein Zimmer zum Hof empfiehlt.
8, rue du Maréchal-Joffre; Tel. 04 93 39 91 92, Fax 04 92 98 44 06; 14 Zimmer ★★ AmEx EURO DINERS VISA

Le Splendid a 2
Charmantes Hotel in Hafennähe hinter einer der schönen Belle-Époque-Fassaden. Alte Möbel, teilweise neue Bäder, und wer reserviert hat, darf einen Obstkorb erwarten. Im Erdgeschoss Schwarzeneggers »Planet Hollywood«-Restaurant.
4/6, rue Félix-Faure; Tel. 04 93 99 53 11, Fax 04 93 99 55 02; E-Mail: hotel-splendid-cannes.@wanadoo.fr; 64 Zimmer ★★★ AmEx EURO DINERS VISA

Touring b 1
Die Lage in der Fußgängerzone verspricht, trotz Nähe zum Festivalpalais, ruhige Nächte hinter einer aparten Belle-Époque-Fassade. Hübsche kleine Zimmer, einige auch mit Balkon.
11, rue Hoche; Tel. 04 93 38 34 40, Fax 04 93 38 73 34; 27 Zimmer ★★ AmEx EURO DINERS VISA

Spaziergang

Vom **Bahnhof** (der im Übrigen sehr an den Ostberliner Palast der Republik erinnert) geht man am besten erst einmal Richtung Meer und Festivalpalast. Da ahnt man schon, dass es – später – eines intensiveren Blickes in die **Rue d'Antibes** bedarf, um zu erfahren, was Reiche wie Schöne derzeit gerade tragen. Der **Festivalpalast** (1982) ist wahrscheinlich von Lastwagen umstellt, die Kulissen für eine Veranstaltung hin- oder wegbringen. Wer mit dem Auto unterwegs ist, findet hier (wie neben dem Bahnhof) auch ein Parkhaus. Am Quai St-Pierre-la-Pantiero und am alten Hafen (**Vieux Port**) mit neuen Luxusyachten vorbei geht es die steile **Rue Saint-Antoine** hinauf (eine stattliche Zahl recht guter Restaurants reiht sich aneinander) zur **Altstadt, »Le Suquet«**, am Mont Chevalier. Im alten Schloss kann man – schon seit 1922 – das **Musée de la Castre** besuchen. Ein mittelalterlicher Wehrturm ist erhalten. Die Kirche **Notre-Dame-d'Espérance** ist im 16. Jh. noch gotisch erbaut worden.

Nach einem Blick auf Stadt und Hafen geht es wieder hinunter, am **Marché Forville** vorbei, wo man Cannes' beste Köche trifft (oder zu »Lucullus« hinein, auf ein Glas und einen kleinen Imbiss), und die **Rue Meynadier** mit schönen Läden hinunter. Vormittags lohnt auch der Rückweg über die platanenbestandene **Allées de la Liberté** mit ihrem Blumenmarkt (außer Mo, Sa Flohmarkt), bevor die **Croisette** Seh-Leute aller Art lockt.

Sehenswertes

La Croisette bd 2-3
Cannes Prachtstraße sollte die Promenade des Anglais in Nizza imitieren, und es hat fast 20 Jahre gedauert, bis der von Palmen gesäumte Boulevard gesellschaftsfähig war.

Den Namen hat die Croisette nach einem Kreuz (**croix**) erhalten, das dort stand, wo die Bucht von Cannes endete und Golf-Juan begann und an dem sich die Pilger zur Insel St-Honorat orientierten. Schöne (und teure) Hotelpaläste reihen sich aneinander, edle Boutiquen, blühende Gärten. Viel junges Volk drängelt sich im Sommer an den wenigen öffentlichen Strandabschnitten. Im Winter wechselt auch das Publikum, es ist auffallend älter und wohlhabend. Am Port Canto gepflegte Gärten und Kinderspielplätze (abends wunderschöner Blick auf Stadt und Suquet), und ganz am Ende, wo das Kreuz stand, das berühmte Casino Palm Beach.

Museen

Musée de la Castre ■ a 2
Im Schloss der Äbte von den Lérins-Inseln in der Altstadt ist die ethnologische Sammlung des holländischen Barons Lycklama von 1877 zu sehen, die alle fünf Kontinente umfasst. Für Musikliebhaber gibt es außerdem eine Sammlung von Instrumenten aus Asien, Afrika und Ozeanien.
April–Juni Mi–Mo 10–12 und 14–18 Uhr, Juli–Sept. 10–12 und 15-19 Uhr, Okt.–März 10–12 und 14–17 Uhr

Essen und Trinken

Aux Bons Enfants M ■ a 2
Es gibt kein Telefon, und die Stammgäste kommen rechtzeitig vorbei, um sich einen Tisch reservieren zu lassen, an dem sie dann – wie brave Kinder, **des bons enfants** – eine familiäre regionale Küche genießen.
80, rue Meynadier; So, Aug. und Ende des Jahres geschl. ★ (keine Kreditkarten)

Le Lion d'Or ■ b 1
Nicht zu verwechseln mit dem Feinschmeckerlokal im Hotel Martinez, aber auf seine Weise auch eine Legende: Die älteren Stammgäste erzählen, wie sie im Krieg Schlange standen nach dem täglichen Fünf-Francs-Menü. Heute kommen sie immer noch, wie die Angestellten aus den umliegenden Büros, wegen der soliden guten Küche.
45, bd. de la République;
Tel. 04 93 38 56 57; Sa geschl. ★
(keine Kreditkarten)

Le Montagard ■ ab 1
Der Markt ist nah, und frisch ist alles, was das helle Vegetarierlokal anbietet. Zu vergessenen oder fast unbekannten Gemüsen eine gute Auswahl von Bio-Weinen.
6, rue du Maréchal-Joffre;
Tel. 04 93 39 98 38; So und Mo mittags geschl. ★★ AmEx EURO VISA

La Palme d'Or ■ c 2
Möbel von 1930 im Art-déco-Palast **Martinez** – serviert wird Cannes' beste und berühmteste Küche, deren Chef Christian Willer heißt. Das hat seinen Preis.
73, bd. de la Croisette; Tel. 04 92 98 74 14
★★★★ AmEx EURO DINERS VISA

Am Abend

Spielcasino, Kino, Pianobars und Discos werben unübersehbar für sich, und die »In«-Räume wechseln wie überall.

Le Zanzibar ■ a 1
Seit 1885 und somit wohl eine der ältesten Bars in Cannes, in deren Keller-Ambiente auch Klaus Mann so manchen Abend verbrachte. House-Musik und – unaufdringlicher – Schwulentreffpunkt.
85, rue Félix-Faure; tgl. 17–6 Uhr, während des Filmfestivals ab 14 Uhr

Service

Auskunft
Direction Générale du Tourisme et des Congrès ■ b 2
Palais des Festivals BP 272, 06403 Cannes Cedex; Tel. 04 93 39 01 01;
Internet: www.cannes-on-line.com

Ziele in der Umgebung

Le Cannet ■ C 8, S. 120

41 900 Einwohner

Den feinen Villenort, knapp 3 km nördlich von Cannes, erreicht man über den **Boulevard Carnot.** Die geschützte Lage sorgt für ein mildes Klima, und auch der Maler Bonnard hat sich in seinen letzten Lebensjahren hier eingerichtet. Man schlendert durch alte Straßen, manche Villa wurde schon im 18. Jh. gebaut, und von der **Place Bellevue** hat man ei-

Oben: Es wird früh dunkel im Süden. Zum Essen in der Rue Saint-Antoine genügen der Mond und ein paar Laternen.

Mitte: Zwischen Altstadt und Mittelmeer hört man ab 20 Uhr nur noch die Yachten klingeln.

Unten: Die Croisette ist zu jeder Tageszeit der richtige Ort. Zum Sehen – und zum Gesehenwerden.

nen wahrhaft schönen Blick auf die Bucht von Cannes. »Das Leben ist ein Fest«, befand dementsprechend der Maler Tobiasse und malte unter diesem Motto 1989 die Kapelle **Saint-Sauveur** aus dem 16. Jh. in der gleichnamigen Straße aus.

Iles de Lérins ■ C 8, S. 120

Ste-Marguerite ist nur eine Viertelstunde, **St-Honorat** eine halbe Stunde von Cannes entfernt. Welche ein Wechsel der Bilder und Geräusche. Die Insel der hl. Margarete ist die größte, von 170 ha Eukalyptus- und Kiefernwald bedeckt, man kann vor Felsen und an kleinen Sandstränden schwimmen. Sie zu Fuß zu umrunden, dauert knapp zwei Stunden. Das Fort im Norden (17. Jh.) ließ Vauban befestigen, es diente dem »Mann mit der eisernen Maske«, dessen Identität nach wie vor ein Geheimnis ist, als Gefängnis. Ein Meeresmuseum ist darin (außer Di) zu besichtigen. Spaziergänger finden einen ausgeschilderten botanischen Lehrpfad.

St-Honorat, 1,5 km lang, 400 m breit, befindet sich bis heute in Klosterbesitz. Man kann unter Kiefern spazieren gehen und findet im Süden eine Befestigung aus dem 11. Jh., als Zuflucht vor Seeräubern erbaut. Ein schöner Kreuzgang und der Blick auf Cannes lohnen den Besuch.

Abfahrt vom Gare maritime am Alten Hafen von Cannes, Juni–Sept. ab 9 Uhr, alle 30 Min., sonst ab 10 Uhr, jede Std.

Mandelieu-La Napoule

17 900 Einwohner ■ F 1, S. 119

Mimosenkulturen rundum, alles für die Parfumindustrie, alles Gelb von Mitte Januar bis Anfang März. Nur 5 km westlich von Cannes liegt der Doppelort zwischen zwei Flussmündungen. Malerisch das Seebad mit immensem Yachthafen vor dem auf einem Porphyrfelsen wieder aufgebauten **Schloss** aus dem 14. Jh., mit dem sich der Bildhauer Henry Clews – dank Papas Geld (amerikanischer Börsenmakler) – einen Traum verwirklichte. Bei sommerlichen Kunstausstellungen ist Gelegenheit, daran teilzuhaben.

Hotels/andere Unterkünfte

Logis San Estello
So ein schönes Bauernhaus im Grünen neben einer kleinen Kapelle und zeitgenössischen Skulpturen hätte man in dieser Gegend gar nicht vermutet. Dazu ein traditionelles Restaurant und ein großes Schwimmbad.
Domaine de Barbossi; Tel. 04 92 97 80 42, Fax 04 92 97 81 42; E-Mail: logis@santoestello.com; 20 Zimmer ★★
AmEx EURO DINERS VISA

Service

Auskunft
Office du Tourisme
340, rue Jean-Monnet, 06210 Mandelieu-La Napoule; Tel. 04 92 97 86 46, Fax 04 92 97 67 79

Mougins ■ F 1, S. 119

16 000 Einwohner

Obwohl schon die Römer Mons Egnita besiedelt hatten, ist das hübsche Dorf – heute mit Galerien, Kunsthandwerkern und guten Restaurants – erst als letzter Wohnsitz Pablo Picassos (1961–1973) zu Ruhm gelangt. So ist auch die Dauerausstellung im **Musée de la Photographie** (Porte Sarrazine, Juli/Aug. 14–23 Uhr, sonst Di–So 13–19 Uhr) dem Künstler gewidmet. Andere Berühmtheiten wie Man Ray hat es ebenfalls hierher gezogen. Und Christian Dior besaß sogar eine Ölmühle in Mougins.

La Valmesque heißt ein 427 ha großes Waldgebiet zwischen Mougins und Valbonne, in dem Wanderer 19 km ausgeschilderte Wege vorfinden und Reiter acht. Es gibt botanische Lehrpfade und am **Étang de Fontmerle** Lotosblumen. **Le Manoir de l'Étang** auf einem Hügel darüber, wo der Architekt des alten Festival-Palastes von Cannes, Maurice Gridaine, eine Filmstadt schaffen wollte, ist heute ein Hotel. Die Zeiten – um 1949 – waren nicht danach, das Kino steckte in einer Krise.

Hotels/andere Unterkünfte

Le Manoir de l'Étang
Das Hotel zwischen Antibes und Mougins ist schwer zu finden und schließlich nur dank eines Holzschildes, das den Weg weist, auszumachen – aber die Suche lohnt für diejenigen, die sich diese wunderschöne Herberge gönnen wollen. Manche verlassen ihre prachtvollen Zimmer nur, um das traumhafte Anwesen vom Swimmingpool aus zu genießen. Und dann ist da noch die wirklich ausgezeichnete Küche.
66, allée du Manoir – Bois de Font-Merle (Straße nach Antibes); Tel. 04 93 90 01 07, Fax 04 92 92 20 70; 14 Zimmer ★★★
AmEx EURO DINERS VISA

Théoule-sur-Mer

1300 Einwohner ■ F 1, S. 119

Ein wahrhaft entzückender Badeort am westlichen Ende des Golfes von Napoule. Sicher kein Fischerdorf mehr, dennoch mit romantischem Flair, mit Ferienwohnungen, Sandstrand und dem **Wald von Estérel** im Rücken.

Etwa 2 km westlich, vom Parkplatz am Friedhof von Bon-Puits, kann man nach ungefähr 50 m rechts dem **botanischen Lehrpfad du San Peyre** (4 km) folgen. Mitten im Estérel-Gebirge trifft man hier auf Eichen und Erdbeerbäume und wandert am bezaubernden Panorama der Lérins-Inseln entlang. Arbousier heißen die merkwürdigen Bäume, die im Herbst zur selben Zeit weiße Blüten und rote Früchte tragen. Auf dem Gipfel des 133 m hohen **San Peyre**, von den Ruinen der **Kapelle St-Pierre**, blickt man auf den Hafen von La Napoule und zu den Inseln.

Im Schloss vor dem Yachthafen von La Napoule finden Kunstausstellungen statt.

Römerstadt und Badeort, Zwillingsstadt mit dem mittelalterlichen Saint-Raphaël zwischen Massif des Maures und rotleuchtendem Estérel-Gebirge.

Fréjus und Saint-Raphaël ■ E 2, S. 119

42 300 Einwohner
Stadtplan Frejus → S. 45

Nirgends an der Riviera gibt es so viele Römerspuren, aber man darf auch nicht zu viel erwarten. Der Name des Ortes Frejus soll auf das von Cäsar gegründete Forum Julii an der Via Aurelia zurückzuführen sein. In der kurzen Blütezeit entstand auch das **Amphitheater**, dessen Größe darauf hinweist, dass die Stadt damals ähnlich viele Einwohner wie heute gehabt haben muss. Der riesige Militärhafen des Augustus wurde im 18. Jh. aufgegeben. Im Jahre 1989 legte man – zeitgemäß – einen neuen **Yachthafen** an und drumherum einen Retortenort für die Nutzer der beiden endlosen Sandstrände beim Port Fréjus und im nahen Vorort **Saint-Aygulf** (die übrigens zu den längsten der Riviera zählen). Der Name »**Corniche d'Or**« für diesen Küstenabschnitt würdigt allerdings mehr das schöne Hinterland. An der N 7 sieht man noch Reste eines römischen **Aquädukts**, das Wasser aus dem Estérel transportierte. Riesige Betonblöcke im **Tal des Reyran** erinnern an eine neuzeitliche Katastrophe, den Bruch des Staudammes Barrage de Malpasset 1959, der 421 Menschenleben kostete und die Stadt in Schlamm versinken ließ. Wo Nartuby und Argens zusammenfließen, landeten im August 1944 englische und amerikanische Fallschirmtruppen.

Das halb so große **Saint-Raphaël** entwickelte sich im 19. Jh., auch dank des Eisenbahnbaus 1864, zum schicken Nachbarn. Daran erinnern die Belle-Époque-Villen am Meer. 1935 wurde hier der erste französische Tauchclub gegründet, und vor der Küste gibt es nach wie vor interessante Tauchreviere.

Hotels/andere Unterkünfte

Arena ■ b 2

Moderne Zimmer in einem neuen, sehr angenehmen Hotel mitten im Ort, mit Schwimmbad, Parkmöglichkeit und gutem Restaurant.
139, rue du Général-de-Gaulle;
Tel. 04 94 17 09 40, Fax 04 94 52 01 52;
19 Zimmer ★★ AmEx EURO DINERS VISA

Centre d'Échange International Le Manoir ■ E 2, S. 119

Nur drei Monate lang (15. Juni–15. Sept.) und nur für »urlaubendes« Jungvolk (18–35) aus aller Welt gibt es günstige Zimmer, auch Schlafsäle, auch Halbpension, auch Segelkurse, Tennis, Strandnähe. Und weil Sommer ist, isst man draußen unter Palmen.
Chemin de l'Éscale, Boulouris (5 km von St-Raphaël); Tel. 04 94 95 20 58,
Fax 04 94 83 85 06; 160 Betten ★

Le Thimothée

Villa aus dem 19. Jh. im baumbestandenen Park in der ruhigen Feriensiedlung Les Plaines, Klimaanlage, Minibar, Fernseher, Schwimmbad und Parkplatz – ganz nah am Meer.
375, bd. Christian-Lafon, St-Raphaël;
Tel. 04 94 40 49 49, Fax 04 94 19 41 92;
19 Zimmer ★★ AmEx EURO DINERS VISA

Sehenswertes

Amphitheater ■ a 1-2
Vor den Toren der römischen Stadt liegt das Theater aus dem 2. Jh., das, 114 m lang und 82 m breit, 10 000 Menschen Platz bot. Seit 1907 finden hier, wie in den Arenen anderer Städte, Stierkämpfe, Theateraufführungen und Konzerte statt.
Rue Henri-Vadon; April–Okt. Mo–Sa 10–13 und 14.30–18.30 Uhr, Nov.–März 10–12 und 13.30–17.30, Di und So geschl.

Cité Épiscopale ■ bc 2
An den Bischofsitz (seit 374), den sich die Stadt mit Toulon immer noch teilt, erinnert im Zentrum der Altstadt die Kathedrale (11./12. Jh.) mit geschnitzten Renaissancetüren, kargem Inneren mit marmornen Bischofsgräbern (14.–17. Jh.)und einem 16-teiligen Altarbild von Jacques Durand. Das Baptisterium aus dem 5. Jh enthält Marmorkapitelle aus römischen Bauten. Über den zweigeschossigen Kreuzgang mit Kassettendecke (Bilderzyklus der Apokalypse, 14./15. Jh., 1200 kleine Tafeln und damit einmalig in Frankreich) und Ziehbrunnen gelangt man zum Archäologischen Museum mit einem gut erhaltenen römischen Mosaik.
Pl. Formigé; April–Sept. tgl. 9–19 Uhr, Okt.–März Di–So 9–12 und 14–17 Uhr

Essen und Trinken

L'Arbousier M
Am schönsten sitzt man im Garten, und am günstigsten isst man mittags in dem Restaurant, das für die Einheimischen das beste am Ort, mit traditionell provenzalischer Küche, bleibt.
6, av. de Valescure, St-Raphaël;
Tel. 04 94 95 25 00; So abends und Mo außerhalb der Saison geschl. ★★★
AmEx EURO DINERS VISA

La Bouillabaisse
Fisch, wie der Name verrät, nicht nur die berühmte Suppe. Auch Muscheln und Schollen sind im Angebot – und das immer frisch, denn, der Fischmarkt ist gleich nebenan.
Pl. Victor-Hugo, St-Raphaël;
Tel. 04 94 95 03 57; Mo geschl. ★★★
AmEx EURO DINERS VISA

MERIAN-Tipp

Massif de l'Estérel Zwei Nationalstraßen, die Küstenstraße und die N 7, schließen das uralte Vulkangebirge ein. Mit Kork-, Steineichen und Macchia bedeckt, ist das Gebirgsmassiv fast unbewohnt. Zauberhaft ist die Küstenstraße nach Cannes zwischen roten Porphyrfelsen und blauem Meer. Die N 7 nach Mandelieu, eine ca. 30 km lange Schneise durch die zackigen Felskämme wie schon die römische Via Aurelia, windet sich den Berg hinauf, gibt zwischen Felsenrot und Wald- und Garrique-Grün immer mal wieder den Blick auf Meeresblau frei. Am Hauptkamm lohnt es sich anzuhalten. Eine Forststraße beginnt an der Kreuzung Carrefour du Testannier und endet 3 km später fast am Gipfel des 618 m hohen Mont Vinaigre mit einem sehr schönen Blick. Von der Küste aus führen Wege zum Pic de l'Ours und Pic du Cap Roux. ■ E 2, S. 119

La Maison de Bière südlich ■ c 2
Treffpunkt bis um 4 Uhr morgens, 200 Biersorten. Der Strand ist nah.
461, bd. de la Libération, Fréjus-Plage

Service

Auskunft
Office Municipal du Tourisme ■ c 2
325, rue Jean-Jaurès, 83600 Fréjus;
Tel. 04 94 51 83 83, Fax 04 94 51 00 26

Le Stanislas
83700 St-Raphaël; Tel. 04 94 19 52 52,
Fax 04 94 83 85 40

Schwimmen
Nautikpark Aquatica ■ E 2, S. 119
Wasserlandschaft mit Wellenbad, Wildwasserbad, Rutschen, Lagunen, Picknickgelände und Lunapark.
Südl. Fréjus an der RN 98;
Tel. 04 94 51 82 51; Juli/Aug. 10–19, Juni und Sept. 10–18 Uhr

Radfahren
Drei Rundtouren durch das Estérel-Gebirge und das Massif du Tanneron sind ausgeschildert: die Felsendörfer im Osten des Var (83,5 km), Estérel (65,5 km) und das Tanneron-Massiv (55,5 km). »Roc d'Azur« heißt die Weltmeisterschaftstour der Mountainbiker, zu der Fréjus jedes Jahr einlädt.

Tauchen
CIP Saint-Raphaël Odyssée
Vieux Port; Quai Albert Ier;
Tel. 06 03 42 81 60

Safaripark
Parc Zoologique ■ E 2, S. 119
Löwen und Elefanten auf 20 ha.
Le Capitou, Route de Bonfin (nördl. auf der Westseite der Autobahn); Tel. 04 94 40 70 65; Mai–Sept. 9.30–18 Uhr, Okt.–April 10–17 Uhr

Ziele in der Umgebung

Fayence ■ E 1, S. 119

3700 Einwohner

Eines der wirklich malerischen Dörfer hinter dem Sarazenentor (16. Jh.), im Sommer fest in Touristenhand, bewohnt, wie es scheint, von Antiquaren, Kunsthandwerkern, Töpfern und Malern. Jedes Jahr im Oktober lädt das »Pays de Fayence« zum **Musikfestival** in acht Kirchen des Gebietes ein. Die einzigartige Lage inmitten einer Ebene macht den Ort zudem zu einem bedeutenden Segelflugzentrum.

Hotels/andere Unterkünfte

Mas des Saunes Hautes
Eigentlich kein Hotel, nur ein paar hübsche Gastzimmer in einem sehr schön gelegenen Landhaus aus dem 17. Jh.
An der D 562 (ausgeschildert);
Tel. 04 94 76 11 28; 5 Zimmer ★★
(keine Kreditkarten)

Moulin de la Camandoule M
Prächtig restaurierte alte Ölmühle im großen Park am Ufer des Camandre. Unterschiedlich große, angenehme Zimmer. Halbpension obligatorisch, aber das wird, wer hier gegessen hat, nicht als Zwang empfinden. Schattige Terrasse. Schwimmbad.
Chemin de Notre-Dame-des-Cyprès, ca. 1 km Richtung Seillans; Tel. 04 94 76 00 84, Fax 04 94 76 10 40; 10 Zimmer ★★★
AmEx EURO DINERS VISA

Service

Auskunft
Office du Tourisme
Pl. Léon-Roux, 83440 Fayence;
Tel. 04 94 76 20 08, Fax 04 94 84 71 86

Seillans

A 7, S. 120

Ein entzückendes Adlernest mit Resten einer Befestigung und mittelalterlichem Stadttor. Der Maler Max Ernst (1891–1976) verbrachte hier seine letzten Lebensjahre. Die **Fondation Max Ernst** zeigt Lithografien (Tel. 04 94 76 85 91). Etwa 1 km entfernt, in Richtung Fayence, steht die romanische Kapelle **Notre-Dame-des-Ormeaux** mit einem ausdrucksstarken Renaissance-Altar aus dem 16. Jh. (Führungen Di 11–12 Uhr).

Service

Auskunft
Office du Tourisme
Le Valat, 83440 Seillans; Tel. 04 94 76 85 91, Fax 04 94 76 84 45

Saint-Rafaël ist der schick-mondäne Nachbarort des doppelt so großen Fréjus.

Jasmin im August und Rosen im Mai werden in der Hauptstadt der Düfte gefeiert. Und Mimosen verzaubern die Bergdörfer ringsum schon im Januar.

Grasse

■ B 7, S. 120

43 000 Einwohner
Stadtplan → S. 49

Mild ist das Klima, 333 m über dem Meeresspiegel, 17 km nördlich von Cannes im Schutz des Roquevignon, in der Unterpräfektur des Départements Alpes-Maritimes. Wintergäste wie Napoleons Schwester Pauline kamen, bevor man Cannes kannte. Asthmatikern geht es hier gut. Nicht nur deshalb sollten Autofahrer das nächste Parkhaus ansteuern. Die hübsche **Altstadt** lässt sich ohnehin nur zu Fuß entdecken. Oder erschnüffeln? Es riecht mehr nach Vanille und Himbeeren als nach Rosen und Jasmin, wie es seit dem 16. Jh. üblich war. Damals lösten zarte Düfte die Gerüche von den Gerbereien des Ortes ab. Parfümierte Lederhandschuhe kamen in Mode.

Eine ganze Tonne Jasminblüten braucht man für 3 kg Konzentrat, von denen dann nur 40 Prozent als Essenz weiter verwendet werden. Hinter hohen Hecken sieht man da und dort den »Rohstoff« blühen. Längst stammt der Großteil der kostbaren Ware jedoch aus billigeren Ländern und wird auch dort schon verarbeitet. Und seitdem synthetische Düfte verlässlich und kostengünstiger hergestellt werden können – und andere die Nase vorn hatten –, haben sich die Duftfabriken in Grasse auf Lebensmittelaromen verlegt. Aber vormittags, beim Blumenmarkt auf der **Place aux Aires**, riecht es noch ganz so wie zu Paulines Zeiten.

Hotels/andere Unterkünfte

Des Parfums ■ a 1

Modern, funktional, mit Swimmingpool, in hervorragender Lage mit Blick auf die Stadt und gutem Restaurant. Hier wird **lou fassum**, eine Spezialität aus Grasse mit gefülltem Kohl, serviert.
Bd. Eugène-Charabot; Tel. 04 92 42 35 35, Fax 04 93 36 35 48; E-Mail: hoteldesparfums@wanadoo.fr;
71 Zimmer ★★★ AmEx EURO DINERS VISA

Sainte-Thérèse M

Bei der hl. Therese gibt es weder Schwimmbad noch Air-condition oder TV, dafür einen unvergleichlichen Blick auf Grasse und den Golf mit den Lérins-Inseln. Hübsche, einfache Zimmer, traumhafte Terrasse und – bei Bedarf – eine Kapelle.
39, av. Y.E.-Baudoin; Tel. 04 93 36 10 29, Fax 04 93 36 11 73; 31 Zimmer ★
AmEx EURO DINERS VISA

Sehenswertes

Altstadt ■ b 2

Vom 11. bis zum 13. Jh. breitete sich das Städtchen um den Hügel von Puy aus, und nachdem es um 1300 eine Stadtmauer bekommen hatte, wuchs es in die Höhe. Man stellte Häuser in Höfe und Gärten, und so ist entstanden, was die Einheimischen, rund um das Rathaus, ihre »Kasbah« nennen. Die mittelalterlichen Gassen sind heute tatsächlich von Nordafrikanern bewohnt. Die Grassois haben ihre neuen Villen auf den umliegenden Hügeln und in den ehemaligen Blumenfeldern errichtet. Eng ist es, manchmal dunkel, in den schmalen holprigen Gassen, an den Treppen, auf den winzigen Plätzen mit ungleichen Häusern, oft kleinen, sogar zugemauerten Fenstern (um eine Sondersteuer zu umgehen). In der malerischen **Rue Répitrel** hatten sich die ersten Parfümhersteller angesiedelt.

Notre-Dame-du Puy ■ b 2
Mitten in der Altstadt steht die dreischiffige Kathedrale aus dem 12./13. Jh., die im 17. und 18. Jh. erweitert wurde. Ein karger romanischer Bau mit drei Gemälden von Rubens, einem der wenigen religiösen Bilder Fragonards und einem Triptychon (Altarbild) von Louis Bréa.

Museen

Musée Fragonard ■ a 2-3
Der gebürtige Grassois Jean-Honoré Fragonard (1732–1806) hatte sich von Februar 1790 bis März 1791 hierher zurückgezogen, nachdem die Revolution ihn seiner treuen Kundschaft beraubt hatte. Ende des 19. Jh. verkaufte die Familie zahlreiche Originalbilder (heute in der Frick Collection in New York) und ersetzte sie durch Kopien des Malers La Brély. Im ersten Stock sind Werke Fragonards und einiger Familienmitglieder ausgestellt, im Treppenhaus die seines Sohnes Alexandre.
23, bd. Fragonard; Juni–Sept. tgl. 10–19, sonst Mi–So 10–12 und 14–17 Uhr

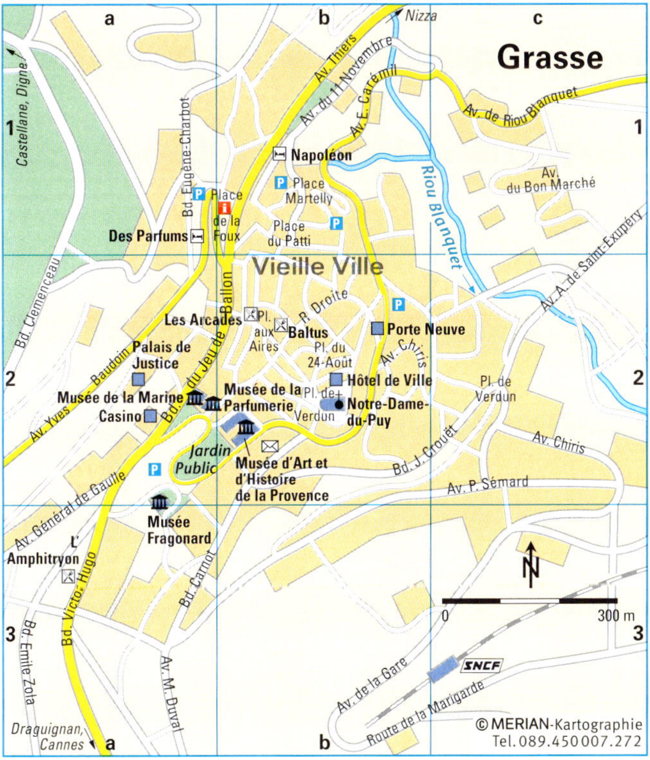

Musée International de la Parfumerie ■ ab 2

Hinter der auffallenden schönen Second-Empire-Fassade wird die Duftküche entzaubert, die so weltbekannte Parfüms wie »Chanel Nr. 5« kreiert hat. Man sieht Maschinen, erfährt mancherlei über Destillation, technische Details, und sieht außerdem Flacons, die Guimard oder Lalique entworfen haben. Hier werden mehr Geheimnisse enthüllt als in den Parfümfabriken selbst.

8, pl. du cours; Juni–Sept. tgl. 10–19 Uhr, sonst Mi–So 10–12 und 14–17 Uhr, Nov. geschl.

Essen und Trinken

Les Arcades ■ b 2

Man sitzt am schönsten Platz der Stadt, die Küche ist provenzalisch.

23, pl. aux Aires; Tel. 04 93 36 00 95 ★ (keine Kreditkarten)

Baltus ■ b 2

Winziges Lokal in einem Altstadtgässchen, mit leckeren Fischgerichten

15, rue de la Fontette; Tel. 04 93 36 32 90; Mo und zwei Wochen im Aug. geschl.; ★★ (keine Kreditkarten)

Einkaufen

Galimard

Jean de Galimard – er soll ein Freund Goethes gewesen sein – hat seine Parfümerie 1747 gegründet und belieferte den Hof Ludwigs mit Olivenöl, Pomaden und dem neuen Produkt Parfüm. Heute wird zu Besichtigung, Einkauf und – im Studio des Fragrances – zur Kreation des eigenen Parfüms eingeladen.

73, route de Cannes; Tel. 04 93 09 20 00

Grasse-Bonbon

Berühmt für seine Fruchtbonbons und die sensationellen Veilchenbonbons, die wie Hustensaft schmecken.

Rue Marcel-Journet

Service

Auskunft

Office du Tourisme ■ b 1

Palais de Congrès, 06130 Grasse; Tel. 04 93 36 66 66; Fax 04 93 36 86 36; Internet: www.ville-grasse.fr

Ziele in der Umgebung

Le Bar-sur-Loup ■ C 7, S. 120

2500 Einwohner

Im Dörfchen, in dem sich die alten hohen Häuser aneinander drängen, hatten sich die Grafen von Grasse eine Burg gebaut. Die Kirche **St-Jacques-le-Majeur** betritt man durch ein gotisches Portal mit geschnitzter Holztür. Den Hauptaltar mit 14 Bildern schuf Louis Bréa. Der Totentanz (»Danse macabre«) aus dem 15. Jh. erinnert an eine Legende, nach der der Graf von Le Bar trotz des Verbots zur Fastenzeit einen Ball veranstaltet haben soll.

Etwa 2 km unterhalb des Dorfes gibt es einen empfehlenswerten **Campingplatz**, einen der schönsten der Gegend, in Terrassen angelegt, mit Blick auf Berge und Täler, ruhig, schattig, mit Schwimmbad, Sportangeboten und kleinem Restaurant (965, chemin des Vergers – D 221, nach 1 km rechts; Tel. und Fax 04 93 42 45 06; Okt.–März geschl.).

Cabris ■ B 7, S. 120

1500 Einwohner

Gerade 6 km von Grasse entfernt, in einem mittelalterlichen Dorf über der Küste, fanden gleich mehrere Schriftsteller ihr Paradies, André Gide, Albert Camus, Marcel Pagnol und Saint-Exupéry. Wer zu den **Ruinen des Schlosses** aus dem 12. Jh. hinaufklettert, genießt den Blick von Nizza bis Toulon. In der **Kirche** aus dem 17. Jh. gibt es einen Flügelaltar

Oben: Nicht nur auf den Inhalt, auch auf die Verpackung kommt es bei den kostbaren Düften aus Grasse an. Künstler kreierten kostbare Flacons.

Mitte: In Hochsommer wird das schöne Dorf Tourettes-sur-Loup zum Basar. Holzbildhauer, Seidenmaler, Töpfer und Korbflechter arbeiten dann nur für den Sommergast (→ S. 52).

Unten: Die Parfümstadt Grasse duftet. Nach Himbeeren? Vanille? Jedenfalls nicht mehr nach Veilchen und Lavendel.

(um 1500). Für Küstenbewohner ist es ein beliebter Ausflugsort, und am Wochenende sieht man Engländer aus dem Technologiezentrum Sophia-Antipolis (→ Valbonne S. 34) Kricket spielen.

Gourdon

■ C 7, S. 120

380 Einwohner

Ein winziger Ort, der am Ausgang der Gorges du Loup wie ein Adlerhorst am Hang klebt.Über den Schluchten schweben **Gärten**, im 17. Jh. mit beschnittenen Buchsbäumen und Eiben vom berühmten Gartenarchitekten Le Nôtre angelegt. Sie gehören zu einer Forschungseinrichtung über alpine Flora und können nur nach Vereinbarung besichtigt werden (Tel. 04 93 09 68 02). Eine **Festung** aus dem 13. Jh. birgt ein Museum der naiven Malerei (Musée de Peinture naïve), außerdem sind orientalische und französische Waffen ausgestellt (Juni–Sept. tgl. 10–18 Uhr, sonst Mi–Mo 14.30–17 Uhr). Ein knapp 2-stündiger Sentier du Paradies führt nach **Pont-du-Loup**.

MERIAN-Tipp

Gorges du Loup »Das ist eine Wildheit, eine Kühnheit der Landschaft, das Rötlich-Gelblich-Grau der riesigen Felsen hat nichts als das tiefe Blau des Himmels zur Gesellschaft und das Schwarz der Schatten in den Klüften.« So prosaisch ist es bei Erika und Klaus Mann (»Riviera«, 1931) nachzulesen. Sie erzählen von Abgründen und Wasserfällen, die gleich Silberbändern hinunterhängen – und der Gipfel ist **Gourdon**. Da lohnt sich ein Blick, vor allem im Frühjahr, wenn der Loup aus 1200 m Höhe zu Tal stürzt. Man fährt von Grasse über Le Bar-du-Loup und die D 2210.

■ C 7, S. 120

Mouans-Sartoux

8900 Einwohner ■ F 1, S. 119

In einem der zauberhaften Dörfer im Umland steht ein Schloss, ein architektonisches Schmuckstück aus dem 16. Jh. Im Jahre 1990 wurde hier ein Zentrum der konkreten Kunst (**Espace de l'Art Concret**) geschaffen, in dem jährlich etwa drei wechselnde Ausstellungen stattfinden (13, pl. Suzanne-de-Villeneuve; Juni–Sept. Mi–Mo 11–19 Uhr, sonst bis 18 Uhr).

Tourrettes-sur-Loup

3900 Einwohner ■ E 1, S. 119

Das schönste Dorf? Jedenfalls eins der schönsten Dörfer, das sich mit seinen mittelalterlichen Häusern und Türmen wie eine Festung auf einem Felsplateau über dem Loup verschanzt. Veilchenfelder (Anfang März ist **Fête des Violettes**), Oliven und Pinien geben den Rahmen. Vor einigen Jahrzehnten war es ein sterbendes Dorf, wie viele Nachbarorte auch. Jetzt locken Holzbildhauer, Seidenmaler und andere Kunsthandwerker, so ist das Dorf im Hochsommer ein einziger Basar.

Wer den **Puy de Tourrettes** (1267 m) – in gut zwei Stunden – erklimmt, hat den Überblick.

Hotels/andere Unterkünfte

Le Mas de Cigales
Nur vier schöne Zimmer, aber Platz zum Schwimmen, Tennisspielen, im Patio Träumen.
1673, route de Quenières, Camassade; Tel. 04 93 59 25 73 ★★ (keine Kreditkarten)

Hauptstadt der Palmen, Filmkulisse und ältester Winterkurort der Küste inmitten einer Blumenlandschaft mit den zauberhaften »Goldinseln« vor dem Mauren-Massiv.

Hyères

B 4, S. 118

42 400 Einwohner
Stadtplan → S. 57

Die Stadt liegt nicht am Meer, und doch nimmt sie für sich in Anspruch, dass hier, 4 km vor dem unendlichen Blau, der Begriff »Côte d'Azur« geprägt worden ist. Dem Meer hat sie sich seit den 50er Jahren angenähert. Dort ist der Ortsteil **Hyères-Plage** mit Bootshafen und Pferderennbahn entstanden, durch die Nationalstraße aber abgeschnitten.

Ihren Zauber findet man jedoch in der **Altstadt**. Wie schon – seit 1813 – Napoleons Schwester Pauline und später Victor Hugo, Tolstoi, Maupassant und andere. So kam das alte Hyères auch zu seinem »dritten Gesicht«, dem der Belle Époque mit zuweilen kühner und kosmopolitischer Architektur wie der **tunesischen Villa** und der **Villa de Noailles**. Nicht zu vergessen die von Palmen gesäumte **Avenue Gambetta**. Im Jahre 1867 begannen Experimente mit Palmen-Samen aus den Kolonien, sie waren erfolgreich. Ein Dutzend Jahre etwa ist es her, dass viele der Palmen in einem Frostwinter erfroren. Man hat sie jedoch durch einige tausend neue Pflanzen ersetzt. Jetzt sollen 15 000 in Hyères wachsen. Und dann ist da noch die Halbinsel **Giens**, ein viel besuchtes Surferparadies. Eine ganz andere Welt finden Besucher auf den vorgelagerten Îles d'Hyères, die dem glitzernden Gestein den Namen **Goldinseln** verdanken.

Hotels/andere Unterkünfte

Le Calypso B 4, S. 118
Charmantes, kleines Haus, fast am Meer, einige Zimmer mit Terrasse.
36, av. de la Méditerranée (Plage);
Tel. 04 94 58 02 09, Fax 04 94 58 02 09;
11 Zimmer ★ (keine Kreditkarten)

Les Orangers a 2
Woher der Name des ruhigen, kleinen Familienbetriebs kommt, wird spätestens beim Frühstück klar. Und wer eins der hübschen Zimmer zum Hof hat, sieht die Orangenbäume schon vorher.
64, av. des Îles d'Or; Tel. 04 94 65 07 01,
Fax 04 94 35 25 90; 16 Zimmer ★★
AmEx EURO DINERS VISA

Les Pins d'Argent B 4, S. 118
Hinter Kiefern und Palmen am Hafen St-Pierre (Hyères-Plage) versteckt sich das Gebäude vom Beginn des 20. Jh. Hübsch eingerichtete Zimmer und ein Schwimmbad neben dem Restaurant. Die vorzügliche Fischsuppe probieren!
Bd. de la Marine; Tel. 04 94 57 63 60,
Fax 04 94 38 33 65; 20 Zimmer; Juli/Aug.
Halbpension obligatorisch ★★
AmEx EURO DINERS VISA

Spaziergang

Im Zentrum, an der **Place Massillon**, ist Markt unter dem **Turm St-Blaise**, dem Überbleibsel einer mittelalterlichen Templer-Komturei. Hier hat Truffaut seinen letzten Film, »Auf Liebe und Tod«, gedreht. In der Rue Rabaton kommt man am **Geburtshaus**

Massillons, des Hofpredigers Ludwig XIV., vorbei. Die Rue Ste-Cathérine rechts führt zum **Platz St-Paul** mit einer Orientierungstafel. Eine monumentale Treppe führt zur **Kirche.**

Östlich des Marktplatzes führt die Rue Massillon zur **Place Clemenceau** mit dem ehemaligen Haupttor des alten Stadtkerns. Die romanische **Kirche St-Louis** an der Rue de la République lag somit schon außerhalb, ebenso wie das **Theater** und der **Garten Denis** am Cours de Strasbourg, über den man zum **Parc St-Bernard,** zur **Villa de Noailles** und zu den Schlossruinen gelangt. Die Avenue Charles-de-Gaulle führt von der Place du Portalet in die Neustadt. Hier beginnt die **Palmen-Avenue Gambetta.**

Sehenswertes

Giens ■ B 4, S. 118
Ein Inselchen hat sich dem Land im Laufe vieler, vieler Jahre mittels Schwemmsand-Anlagerung genähert, bis es zur Halbinsel wurde. In der Mitte blieben Lagunen, die Seen des Pesquiers. Im Jahre 1848 angelegte Salzfelder haben die Natur verändert, auf dem Deich im Westen verläuft die Salzstraße. Über 20 verschiedene Orchideenarten sollen dort wachsen, Zugvögel machen Rast. 70 Vogelarten wurden gezählt. Langer Sandstrand und Surfrevier im Osten. Über dem Ort Giens eine Burgruine – für den Überblick. Ungefähr 2 km östlich die Anlegestelle für Schiffe nach Porquerolles.

Île du Levant ■ D 4, S. 119
Eine einsame Felseninsel (8 km lang, 1,5 km breit), früher im Besitz der Äbte von Lérins und heute hauptsächlich Militärgelände. Auf einem Hügel liegt das Dorf Héliopolis, zwischen Palmen, Rosen und Mimosen. 1932 wurde die FKK-Kolonie Héliopolis gegründet. Schöner Strand, Tauchschule.

Île de Porquerolles ■ B 4, S. 118
Mit 8 km Länge und 2 km Breite die größte der Hyères-Inseln mit 330 Bewohnern und 200 ha Weinanbaugebiet. Man kann sie mit dem Fahrrad erkunden. Es gibt schöne und flache Strände im Norden, einen Tauchclub, im Süden und Osten fällt die Insel fast steil ins Meer. Im Hauptort Porquerolles an der Nordküste findet in einem der sieben – sehr teuren – Hotels nur Unterkunft, wer sich sehr lange vorher angemeldet hat. Tagesbesucher wandern zum Leuchtturm (ca. 2 Std.) oder durch den Wald und stoßen auf ein Paradies.

Ab Giens etwa 20 Schiffe tgl. in der Saison (5 in der Vorsaison), Fahrdauer 20 Min. Im Sommer auch Fahrten von Toulon, Lavandou, Cavalaire und Bormes. Bei starkem Mistral keine Verbindung.

MERIAN-Tipp

Massif des Maures für Radfahrer Traumstrecken mit immer wieder unglaublichen Ausblicken finden Radfahrer im Massif des Maures: Karges Land wechselt mit Ginster, Korkeichen, Garrigue und Kiefern ab, es folgen Bormes-les-Mimosas mit seinen steilen Gassen, die im Volksmund auch »Halsbrecher« (**rompi cuou**) genannt werden, die Hügel von Gratteloup und Babaou, das charmante Dörfchen Collobrières im Tal (nicht vergessen, kandierte Früchte und Maronenmus zu kaufen) und als Höhepunkt im Sinne des Wortes Notre-Dame-des-Anges aus dem 12. Jh. Über La Londe-les-Maures geht's dann wieder zurück nach Le Lavandou.
■ B 3, S. 118

Oben: Endlose Strände, Ausgangspunkt für Radtouren und Wanderungen – das ist Le Lavandou (→ S. 57).

Mitte: Alle Düfte des Südens, in der Sonne konserviert, streifen die Nasen der Spaziergänger in der Altstadt von Hyères.

Unten: Bormes-les-Mimomas ist bekannt für sein üppig-grünes Dorfbild (→ S. 56).

Île de Port Cros ■ C 4, S. 118
Seit 1963 ist die Insel (4 km lang, 2 km breit, 194 m hoch) Nationalpark und zwar, was einzigartig ist, an Land und unter Wasser. Taucher finden ab der Plage de la Palud einen gekennzeichneten Entdeckungspfad (Tauchschule). Etwa 35 km Wanderwege (gelb gekennzeichnet für den historischen, grün für den botanischen Pfad) überqueren das gebirgige Eiland. Sein Reiz ist gleichzeitig seine größte Bedrohung: Im Sommer legen täglich hunderte von Schiffen an, 100 000 Touristen wurden im Jahr gezählt, die eine üppige Mittelmeerfauna und -flora betrachten wollen. Im März, wenn die Blütezeit beginnt, ist es tatsächlich noch einsam im Vallon de la Solitude, das vom Hafen aus südöstlich liegt (ca. 1,5 Std.) und zu den Steilwänden Falaises du Sud führt.

Im Sommer tgl. 6 Verbindungen von Lavandou (30 Min.), sonst 3 pro Woche. Von Hyères nur Juli/Aug. 5-mal tgl. nach Port Cros und Le Levant (1 Std.).

Essen und Trinken

Auberge des Borrels-Maison Blanc M ■ B 3, S. 118
In dem wunderschön gelegenen Gasthof, einem restaurierten ehemaligen Bauernhaus, wird gute ländliche Küche serviert: Kaninchen, Lammkeule, hausgemachte Ravioli.
Von Hyères-Ville auf der D 12 Richtung Pierrefeu-du-Var, nach 2 km rechts Richtung Borrels, das aus drei Weilern besteht, bis zum letzten; Tel. 04 94 65 68 51; Di abends und Mi geschl. ★★★ AmEx EURO DINERS VISA

Le Bistrot de Marius ■ b 1-2
Man sitzt in der Altstadt, im Sommer auf der Terrasse, und isst gut und reichlich, zum Beispiel Wildschwein.
1, pl. Massillon; Tel. 04 94 35 88 38 ★★
AmEx EURO DINERS VISA

Service

Auskunft
Office du Tourisme ■ c 2
Rotonde Jean-Salusse, 83412 Hyères; Tel. 04 94 65 18 55, Fax 04 94 35 85 05

Ziele in der Umgebung

Bormes-les-Mimomas

5300 Einwohner ■ C 3, S. 118

Gibt es ein schöneres mittelalterliches Dorf an der Küste, vor allem im Winter, wenn von Januar bis März an der Bergflanke Mimosen blühen? Die Truppen Napoleons III. sollen sie aus Mexiko mitgebracht haben. In Blumengärten und hinter Mauern versteckt gibt es hier eine beträchtliche Anzahl von Prominentenhäusern (auch Villen fürstlicher Familien, beispielsweise Belgiens und Luxemburgs).

Künstler und Kunsthandwerker lassen sich von der lieblichen Landschaft inspirieren. An der romanisch beeinflussten Kirche **St-Trophyme** aus dem 18. Jh. erinnert eine Sonnenuhr daran, dass die Zeit vergeht.

MERIAN-Tipp

La Grande Maison bei Bormes-les-Mimomas Ein zauberhaftes Anwesen, mit Liebe und Geschmack eingerichtet, mitten in einem Weinanbaugebiet. Nur drei Zimmer und zwei Suiten (für vier Personen). Schwimmbad und Reitstall sind in der Nähe. Domaine des Campaux, RN 98; Tel. 04 94 49 55 40, kein Fax; Dez. und Jan. geschl. ★★★ (keine Kreditkarten) ■ C 3, S. 118

Die Kapelle **Notre-Dame-de-Constance** (13. Jh.) an der Straße nach Collobrières ist bis heute Wallfahrtsort. In einer Dreiviertelstunde kann man durch den Mimosenwald den Kreuzweg hinaufgehen und anschließend an der Orientierungstafel das Panorama genießen.

Essen und Trinken

Lou Portaou
Zauberhaftes Interieur wie aus einer anderen Zeit und eine gute regionale Küche. Man kann sich auch ein Tischchen an der kleinen Straße unterm Gewölbe reservieren lassen.
1, rue Cubert-des-Poètes;
Tel. 04 94 64 86 37 ★★★
AmEx EURO DINERS VISA

Le Lavandou

C 3, S. 118

5400 Einwohner

Die langen, feinen Sandstrände haben den Badeort beliebt gemacht. Außerhalb der Saison findet hier jeder eine Unterkunft zu angemessenem Preis, aber dann! Ideal ist der Ort als Ausgangspunkt zur Entdeckung der kostspieligeren Umgebung und für Touren ins Mauren-Massiv.

La Londe-les-Maures

B 3, S. 118

Auf halber Strecke zwischen Hyères und Mauren-Massiv liegt das Städtchen mit dem tropischen Vogelpark (**Jardin des Oiseaux Exotiques**). 450 umschwirren den Gast auf dem 6 ha großen Gelände (Juni–Sept. 9.30–19.30 Uhr, sonst 14–18 Uhr).

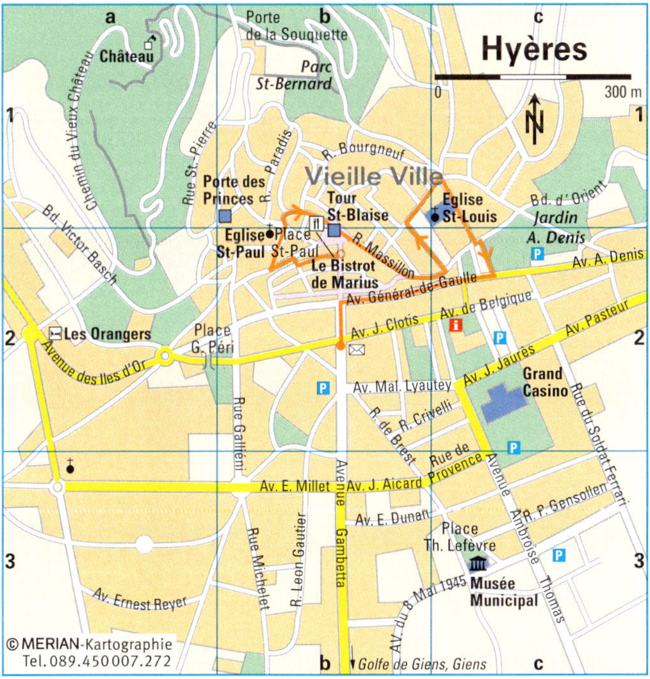

Florentinisch ist die Markthalle, und das ganze Städtchen mutet italienisch an. Die Grenze ist nah. So wie die Seealpen, die vor Wind und Kälte schützen.

Menton ■ E 7, S. 121

25 500 Einwohner
Stadtplan → S. 61

Mentone, so schreiben Erika und Klaus Mann, sei »altertümlich, wie Monte, aber ohne die Großstiligkeit«. Das war 1931, und da erinnerten sich die beiden schon an die »guten alten« Zeiten von Monte-Carlo. Da war es schon fast 70 Jahre her, dass Napoleon III. das aufmüpfige Städtchen, vor 600 Jahren das letzte Mal italienisch, den Grimaldis abgekauft hatte.

Mondän ist Menton wirklich nicht. Es ist auch nicht, wie oft zu lesen ist, ein Altersheim für Begüterte, auch wenn sich hier viele Rentner ihren Alterswohnsitz gekauft haben. Das bunte Städtchen, wie aus dem benachbarten Ligurien gefallen, klettert einen steilen Hang hinauf. An der Barockkirche **Saint-Michel**, deren Vorplatz das Grimaldi-Wappen schmückt, halten auch Jüngere erleichtert zum Luftholen an. Kein Problem bei dem Blick: erst einmal – natürlich – das Meer, die **Promenade du Soleil**, der Hafen hinter dem **Cocteau-Museum**, links die ausgedehnten Sandstrände und dann, kaum zu ahnen, der wirkliche Reichtum der Stadt ohne Betonsilos: die **Gärten**, üppig und ohne Zahl, die meisten im feinen Viertel **Garavan**. Dies ist die Stadt, in der mehr als die Zitronen blühen. Kein Wunder, bei einer mittleren Januar-Temperatur von 17 Grad Celsius!

Die Kirche Saint-Michel (→ S. 60) überragt das Städtchen an der Sonnenpromenade. Die erdbunten Fassaden der Altstadthäuser am steilen Hang gibt es erst seit etwa 100 Jahren – zur Freude für das Auge. Man hat es den Italienern abgeguckt. Schließlich war »Mentone« auch mal eine italienische Stadt.

Hotels/andere Unterkünfte

L'Aiglon südwestlich ■ a 3
Zur prachtvollen alten Villa gehören Frühstücksterrasse und Swimmingpool, zudem ein sehr gutes Restaurant im Gartenpavillon.
7, av. de la Madone; Tel. 04 93 57 55 55, Fax 04 93 35 92 39; 31 Zimmer ★★★
AmEx EURO DINERS VISA

Chambord ■ a 3
Nein, es ist kein Altersheim, sondern ein richtiges, nicht ganz billiges, zunächst etwas kühl wirkendes Hotel mit geräumigen Zimmern und mitten in der Stadt – und ganz nah am Meer – gelegen.
6, av. Boyer; Tel. 04 93 35 94 19, Fax 04 93 41 30 55; 40 Zimmer ★★★
AmEx EURO DINERS VISA

Le Globe westlich ■ a 2
Ein Haus der Kette »Logis de France« mit zwei Kaminen (statt Sternen) und freundlichen Zimmern hinter blauen Jalousien.
21, av. de Verdun; Tel. 04 92 10 59 70, Fax 04 92 10 59 71; 25 Zimmer ★★
AmEx EURO DINERS VISA

Spaziergang

Vom **Vieux Port** hinter der Bastion sieht man hinauf auf die Altstadt am Hang. Über die Rue des Logettes, die rechts von der Rue Saint-Michel abbiegt, kommt man zur stillen, kleinen Place des Logettes und unter dem Portalvorbau zur alten Hauptstraße Rue Longue bis zum Vorplatz der Kirche **Saint-Michel** mit dem alten Grimaldi-Wappen. Wo ist Frankreich sonst so italienisch? Hier oben, mit dem unvergleichlichen Blick aufs Meer, finden im August sehr stimmungsvolle Kammerkonzerte statt. Bis zum 19. Jh. waren die Häuser weder verputzt noch gestrichen. Dann setzte sich der für Italien typische Anstrich in Erdfarben durch, um den

Anblick der Stadt auch für ihre Besucher noch attraktiver zu machen. Die Rue Mattoni führt weiter hinauf, noch steiler wird die Rue de la Côte, bis man die Rue du Vieux-Château erreicht hat. Hier oben befindet sich der in vier Terrassen angelegte Friedhof (**Cimetière du Vieux-Château**; im Sommer tgl. 7–20, im Winter bis 18 Uhr). Man steht und staunt: Wie jung die reichen Kinder aus fernen Ländern gestorben sind, die hier von ihrer Tuberkulose geheilt werden wollten. Die Rue Ecoles-Pie steigt man wieder hinunter zur Place Saint-Michel. Am Ende der Rue de Bréa steht die Kirche der Schwarzen Büßer (**Pénitents-Noirs**). Über die Rue du Général-Gallieni erreicht man wieder die Rue Saint-Michel, die Fußgängerzone, und ganz links mit der **Place aux Herbes** den wohl schönsten Platz der Stadt.

Sehenswertes

Église Saint-Michel ■ b 1-2
Der Vorplatz ist eine barocke Inszenierung gesellschaftlichen Lebens mit dem religiösen Zentrum Kirche und dem Repräsentanten weltlicher Zünfte, der Büßerkapelle. In der Basilika (17. Jh.) schweift der Blick zum Gewölbe des Mittelschiffs mit Trompe-l'œil-Malereien.

Gärten
Eine Fülle schöner, fast immer exotischer Gärten haben im vorigen Jahrhundert begüterte Engländer in und 7 um Menton angelegt. Hier fanden sie das Klima, das Gewächshäuser überflüssig und aus Menton die wichtigste Garten-Stadt der Küste machte. Da nicht alle Gärten immer geöffnet sind und manche nur mit Führung besichtigt werden können, empfiehlt sich ein Besuch bei der **Maison du Patrimoine**, 5, rue Ciapetta (Tel. 04 92 10 33 66), wo es einen hervorragenden Führer gibt.

Jardin Botanique Exotique de Val Rahmeh nördlich ■ c 1
Eine botanische Weltreise auf einem Hektar Land über der Bucht von Garavan, von Lord Radcliff, Gouverneur Maltas, am Ende des 19. Jh. in spanisch-maurischem Stil angelegt. Hier wächst nicht nur das einzige Exemplar der »Sophora Toromino«, des mystischen Baumes der Osterinseln, zwischen Bassins und Brunnen entdeckt man sogar eine Fülle nahrhafter Früchte wie Kiwis, Avocados und Bananen. Der Garten ist seit 1966 gepflegte Zweigstelle des Musée Nationale d'Histoire Naturelle in Paris.
Av. St-Jacques; Mai–Sept. 10–12.30 und 15–18 Uhr, sonst 14–17 Uhr

Jardin des Colombières nördlich ■ c 1
Vom Maler, Zeichner und Landschaftsgestalter Ferdinand Bac 1818/1819 wie eine Reise ums Mittelmeer mit Zypressen und Oliven angelegt.
Route des Colombrières

Jardin de Maria Serena nordöstlich ■ c 1
Im mildesten Klima Frankreichs gedeihen Palmen und Farne. Die Villa hat der Architekt der Pariser Oper, Charles Garnier, 1880 für Ferdinand Lesseps, den Konstrukteur des Suezkanals, entworfen.
21, promenade Reine-Astrid (nur Führung)

La Serre de la Madone nordwestlich ■ c 1
In diesen traumhaft verwilderten Gartenterrassen fühlt man sich wie aus der Zeit gefallen. In dem ersten französischen Garten, der unter Denkmalschutz gestellt wurde, gibt es eine Fülle botanischer Raritäten, die noch nicht bestimmt werden konnten.
74, route de Gorbio (Bus Nr. 7, Haltestelle »Mer et Monts«); tgl. ab ca. 10 Uhr und Führungen

Hôtel de Ville ■ b 2
Den ungewöhnlichen Hochzeitssaal (**Salle des mariages**) hat Jean Cocteau 1957/1958 gestaltet: eine Inszenierung in Gelb und Gold, in der Fischer und Zitronenpflückerin unter der Sonne in einem einzigen Pinselstrich miteinander verbunden sind. An den Wänden Orpheus und Eurydike.
Pl. Ardoino; Mo–Fr 8.30–12.30 und 13.30–17 Uhr

Monastère L'Annonciade ■ EF 6, S. 121
Etwa 225 m über dem Meer liegt seit 1867 ein Kloster der Kapuzinermönche. Über den Rosenkranzpfad – und 464 Stufen – mit Gebetsstationen erreicht man den stillen Ort.
Nördl. der Stadt, Richtung Sospel

Palais de l'Europe ■ a 2
Das auffallende Gebäude (1908/1909) im Stil der Belle Époque war das erste große Casino der Stadt, heute Office du Tourisme.
8, av. Boyer

Museen

Musée Jean-Cocteau ■ c 2
Der Künstler hat das kleine Fort (1636) am Hafen ab 1956 selbst restauriert und zu seinem »Testament« gestaltet. Tapeten, Treppen, Vitrinen und selbst das Kieselsteinmuster hat er ersonnen. Fertig gesehen hat er es 1967 nicht mehr.
Quai Napoléon III.; im Sommer Mi–Mo 10–12 und 15–19 Uhr, im Winter 14–18 Uhr

Musée de la Préhistoire Régionale ■ b 2
Eine Million Jahre Menschen an der Côte d'Azur: Fundstücke aus archäologischen Grabungen (der Grimaldi-Mensch), Modelle, audiovisuelle Programme. Im Untergeschoss Volkskunst und -tradition. Wer das »Tal der Wunder«, Vallée des Merveilles, besuchen will, kann sich hier mit einem Film einstimmen.
Rue Lorédan-Larchey (Rathausnähe); im Sommer Mi–Mo 10–12 und 15–19 Uhr, im Winter 14–18 Uhr

Essen und Trinken

L'Auberge provençal M ■ b 2
Klein, freundlich, günstig, in einer Seitengasse versteckt. Montagmittag gibt es kein **plat du jour** (Tagesgericht), sonst ist's unübertroffen.
11, rue Trenca ★ (keine Kreditkarten)

Le Darkoum ■ b 2
In der Fußgängerzone, wo die aneinander gereihten Lokale jeden Abend um die Hungrigen werben, lockt Le Darkoum mit marokkanischen Gerichten. Spezialität Couscous.
23, rue St-Michel; Tel. 04 93 35 44 88 ★★ (keine Kreditkarten)

Lanzi ■ a 2
Kleines, feines italienisches Restaurant in einer Seitenstraße, mit selbstverständlich hausgemachten Nudeln, sehr gutem Carpaccio und Fischgerichten auf Bestellung.
40, rue Partouneaux (Impasse Bellecour); Tel. 04 93 28 18 40 ★★ AmEx EURO DINERS VISA

Le Lion d'Or ■ b 2
Üppige Dekoration und warmherzige Begrüßung der Stammgäste – und das sind viele – sowie ausgezeichnete Fischgerichte gleich neben der Markthalle.
7, rue des Marins; Tel. 04 93 35 74 67 ★★ (keine Kreditkarten)

Einkaufen

Die **Markthalle**, vor mehr als 100 Jahren in florentinischem Stil gebaut, ist von Dienstag bis Sonntag jeden Vormittag Treffpunkt der Hausfrauen und der Köche. Sogar rundherum breiten sich Stände aus, und man findet alle regionalen Spezialitäten: **socca** (Kichererbsenpfannkuchen), **barbajuan** (große Ravioli), **fougasse** (Gebäck mit Orangen-, Mandel- oder Anisgeschmack). Nach dem Einkaufen trifft man sich auf einen Plausch im Café an der Place aux Herbes, freitags beim Antiquitätenmarkt.

Freitag ist auch Markttag in **Ventimiglia**. Dann sind am Vormittag Züge und Busse voll und nachmittags zur Rückfahrt wieder, und dann ist der Platz wegen der dicken Tüten und Taschen noch knapper. Hunderte von Ständen sind aufgereiht, Tausende von Menschen wühlen in (vermeintlichen) Schnäppchen, und mancher kommt nur mit einer falschen Rolex oder Vuitton-Tasche zurück.

Bei **Herbin** (2, rue du Vieux Collège), werden Freunde seltener Konfitüren und ungewöhnlicher Mixturen fündig.

Service

Auskunft
Office du Tourisme ■ a 2
Palais de l'Europe, 6, av. Boyer, 06503 Menton; Tel. 04 93 57 57 00, Fax 04 93 57 51 00; Internet: www.villedementon.fr

Parken
Auch außerhalb der Saison nicht ganz einfach, aber wer den Schildern zu einem Parkhaus folgt, findet irgendwann auch eins – meist allerdings ein anderes.

Ziele in der Umgebung

Breil-sur-Roya ■ F 6, S. 121

2000 Einwohner

Zwischen Meer und Hochalpen an der italienischen Grenze, im Roya-Tal, das vor zehn Jahren noch wegen seiner verlassenen Dörfer totgesagt wurde, hat sich neues – touristisches – Leben entwickelt. Arkaden am Dorfplatz, bunte Fassaden, auch mit Trompe-l'œil-Motiven bemalt, Befestigungsreste. Im **Ecomusée du Haut-Pays**, am Dorfausgang Richtung Tende, erfährt man Wissenswertes über Flora und Fauna, Kunst und

Oben: Vom Kieselsteinmuster bis zu den Tapeten ist alles vom Künstler selbst ersonnen. Das Fort am Hafen Mentons ist Jean Cocteaus Vermächtnis (→ S. 61).

Mitte: Die Villa Hanbury ist architektonisch ein verhältnismäßig schlichter Bau. Es finden sich hier Spuren der römischen Via Julia Augusta. Doch das Beeindruckendste ist der geschickt angelegte Garten mit Mittelmeerpflanzen und Exoten (→ MERIAN-Tipp S. 65).

Unten: Diorahmen mit lebensgroßen Figuren erzählen im Musée des Merveilles in Tende die Frühgeschichte der Region (→ S. 65).

Geschichte. Alle vier Jahre im Juli (das nächste Mal 2002) wird **A Stacada** gefeiert, ein Fest mit Folklore und Tanz zur Erinnerung an eine Revolte der Bevölkerung gegen das Jus primae noctis (Recht des Grundherrn auf die erste Nacht mit der Neuvermählten eines Untertans).

La Brigue ■ F 5, S. 121

600 Einwohner

Ein romanischer Glockenturm, eine himmelblaue Decke über dem Mittelschiff und zwölf Altäre schmücken die Kirche **St-Martin** im mittelalterlichen Ort an der Levense – Erinnerung an eine Zeit, in der Viehzucht und Wollhandel zu einem gewissen Reichtum führten.

Etwa 4 km hinter La Brigue in einem Seitental (D 43, dann rechts
8 D 143) liegt die Wallfahrtskapelle **Notre-Dame-des-Fontaines** mit dem größten und außerordentlich gut erhaltenen Freskenzyklus Südfrankreichs aus dem 15. Jh. Ebenso eindrucksvoll wie anrührend hat Giovanni Canavesio zu einer Zeit, als das Lesen nicht zu den üblichen Fertigkeiten gehörte, die biblische Geschichte erzählt (Öffnungszeiten beim Office du Tourisme in La Brigue erfragen, Tel. 04 93 04 36 07).

Gorbio ■ E 7, S. 121

1150 Einwohner

Bekannt ist das mittelalterliche Dorf über Menton wegen seiner Schneckenprozession (**Procession aux Limaces**) an Fronleichnam. Wie in Roquebrune werden Schneckenhäuser mit Öl gefüllt und einem Docht versehen. Tausende dieser Lichter brennen am Straßenrand und auf Fensterbänken, und die Büßer des Midi treffen sich in Gorbio. Schöne Wanderwege führen nach Roquebrune (ca. 1,5 Std.) und Ste-Agnès (2 Std.).

Roquebrune-Cap Martin

11 600 Einwohner ■ E 7, S. 121

Unten ein modernes Seebad (**Cap Martin**), oben am rotbraunen Fels wie ein Balkon die Burg der Grafen von Ventimiglia – dort, wo vor 150 Jahren nichts als ein verlassenes Dorf lag. Unten ist die Highsociety unter sich, oben darf man durch gepflegte Ladengässchen streifen und die **mittelalterliche Burg** besichtigen (im Sommer tgl. 10–12 und 14–19 Uhr, Winter bis 17 Uhr). Auf dem **Gemeindefriedhof**, am selbst entworfenen Grabmal, ist der Architekt **Le Corbusier** (Charles Edouard Jeanneret, 1887–1965) begraben.

Sainte-Agnès ■ E 6, S. 121

1100 Einwohner

In etwa 780 m Höhe und fast mit der Felswand verschmolzen, liegt das pittoreske Ausflugsziel mit Kopfsteinpflaster und Passagengewölben sowie zahlreichen Kunstgewerbelädchen 11 km hinter Menton.

Sospel ■ E 6, S. 121

2300 Einwohner

Eine **mittelalterliche Brücke** überspannt den Fluss Bévéra, das Ufer säumen pastellfarbene Häuser wie eine wehrhafte Mauer, sonst erinnert, 22 km hinter Menton, nichts an eine bedeutende Kreuzung mittelalterlicher Handelsstraßen. Der Brückenturm machte den Ort einst reich, er war das Zollhaus. Ein idealer Ausgangspunkt für Wanderungen. **L'Ouvrage St-Roche** heißt ein Ausflugsziel hinter dem Friedhof (Richtung Col de Braus), ein altes Gebäude an der Maginotlinie, Eingang zu einer unterirdischen Stadt, in der Menschen den Krieg etwa drei Monate lang hätten überleben können (Juni–Ende Sept. Di–So 14–18 Uhr, Okt., April und Mai nur Sa und So).

Hotels/andere Unterkünfte

Hôtel des Étrangers
Hier gibt es alles, was Gäste an der Küste gelegentlich vergeblich suchen: angenehme Zimmer mit kleiner Terrrasse, beheiztes Schwimmbad, Sauna, Tennisplatz, hinterm Haus **gîte d'étape** für müde Wanderer, zudem ein Restaurant, das auch den hungrigsten Gast auf angenehmste Weise zufrieden stellt.
7, bd. de Verdun; Tel. 04 93 04 00 09, Fax 04 93 04 12 31; 35 Zimmer ★★ (keine Kreditkarten)

Tende

■ F 5, S. 121

2100 Einwohner

Bis 1947 hieß der Ort noch Tenda, wurde erst danach französisch, und wirkt heute, eng den Hang hinaufgebaut, mit seinem dunklen Schiefer etwas düster. Aber dann erreicht man die große **Kirche** mit orangefarbenem Turm und farbenfreudiger Front über dem üppig verzierten Renaissance-Portal. Leuchtend blau ist die Decke und mit Bildern wie Riesenmedaillons geschmückt. Man klettert weiter bis zum alten terrassierten **Friedhof**. Rechts davon überragt der Mauerrest einer Burg den Berg. Links führt ein Wanderweg für Profis in die Berge: Wer vom Bahnhof hochblickt, kann die Seilbrücke zwischen den Bergen schon in Augenschein nehmen. Mit zwölf parallelen Motivsäulen der rätselhaften Felszeichnungen im Mercantour lockt seit 1996 das **Musée des Merveilles** (👪) in seine Ausstellung. Dort sieht man originalgetreue Abgüsse der Funde und Diorahmen erzählen vom Leben in vorchristlicher Zeit (Av. du 16-Septembre-1947; Mi–Mo 10.30–18.30 Uhr, Sa bis 21 Uhr).

MERIAN-Tipp

Villa Hanbury Der vielleicht interessanteste Garten der Côte d'Azur liegt im italienischen La Mortola bei Ventimiglia, die »Villa Hanbury«. Auf 18 ha hat Sir Thomas Hanbury den Park 1867 mit Pflanzen aus aller Welt am Meer anlegen lassen. Sie haben sich tatsächlich akklimatisiert, und so ist aus dem bizarren Tick eines Engländers (unter vielen, die Gärten um Menton anlegten) ein wissenschaftlich begleitetes, geradezu extravagantes Unternehmen geworden. Richtung Ventimiglia, viele Zug- und Busverbindungen oder 15 Min. mit dem Auto; Mitte Juni–Sept. Do–Di 9–18 Uhr, Okt.–März 10–16, April–Mitte Juni 10–17 Uhr. ■ F 6, S. 121

Vallée des Merveilles

■ E 5, S. 121

Das »Tal der Wunder« am 2872 m hohen Mont Bégo, ein bedeutendes Freilichtmuseum der Frühgeschichte, trägt noch heute die Zeichen der Pilgerreisen aus Kupfer- und Bronzezeit, als der Berg Kultstätte (Stier-Gott und Erd-Göttin) war. Rund 36 000 Gravuren auf 3600 Felsen haben Wissenschaftler gezählt, Tiere, Waffen und Menschengestalten hat man ausgemacht. Zum Schutz der wertvollen Funde werden Führungen dorthin angeboten, im Jeep und zu Fuß. Dabei ist zu bedenken, dass der Fußweg (vom Lac des Méches) 3,5 Stunden dauert. Fast dieselbe Zeit muss man für den Rückweg veranschlagen. Auskunft beim Musée des Merveilles in Tende (Tel. 04 93 04 32 50) und Destination Merveilles in St-Dalmas-de-Tende (Tel. 04 93 16 08 72). 9

Wie eine Trutzburg der Millionäre wächst das Fürstentum über königsblauem Meer aus dem Gebirge und lädt ein zu einer Zeitreise in die Vergangenheit.

Monaco

■ E 7, S. 121

30 000 Einwohner
Stadtplan → S. 68/69

Goldfinger-Lady Shirley Bassey tritt beim Rotkreuzball auf, den die Monegassen für das bekannteste gesellschaftliche Ereignis der Welt halten. Man wird sie nicht sehen. Das fürstliche Leben im zweitkleinsten europäischen Staat (nach dem Vatikanstaat) spielt sich hinter verschlossenen Türen ab.

Besucher brauchen etwas Fantasie, Ausdauer und Kreditkarten, um einen Abglanz dieses auf den ersten Blick so wenig märchenhaften **Steuerparadieses** zu erhaschen. Das probieren immerhin sechs Millionen im Jahr. Nur 280 000 bleiben länger, ein neues Drei-Sterne-Hotel (eine bisher unterrepräsentierte Kategorie) soll dem abhelfen.

Gesichtslose Hochhäuser türmen sich den Hang hinauf, Autos brausen eine verbaute Küste entlang. Unter einem Parkhaus, das auch nicht schöner ist als solche Bauten anderswo, sonnt sich auf einem Betonklotz ein Bauarbeiter in der Sonne. Weiß schwappt die Gischt hoch, aber es riecht nicht nach Meer, eher nach Benzin.

Mit schwimmenden Dämmen – darin Platz für 400 Parkplätze auf vier Etagen – soll bis Ende 2001 der größte **Freitzeithafen** der Mittelmeerküste an das Festland »angebunden« werden. Die Monegassen haben Erfahrung mit der Vergrößerung ihres Terrains. Mit 1,5 qkm hat die genuesische **Familie Grimaldi** 1297 begonnen. Inzwischen ist dem Meer so viel abgerungen worden, dass die Staatsfläche 1,95 qkm misst. Man bewegt sich vertikal wie horizontal durch das Gebiet. Kostenlose Aufzüge bringen Fußgänger selbst zum höchstgelegenen Ort, dem **Jardin Exotique**.

Auch für einen kurzen Blick ins Casino von Monte Carlo muss man bezahlen – aber was für eine Atmosphäre! Unerschütterliche Einarmige Banditen, Pferderennen wie aus der Puppenstube, Autos rasen über Bildschirme, und Croupiers üben den – verstohlenen – Blick in den Spiegel.

Seit 1861 ist das Fürstentum unabhängig, gab dafür Menton und Roquebrune an Frankreich ab, ist **als konstitutionelle Erbmonarchie** dem Nachbarland jedoch in Zoll-, Währungs- und Steuerfragen verbunden geblieben. Eigene Briefmarken hat es und eine eigene Telefonvorwahl (03 77), die im Land selbst aber nicht gewählt wird.

Hotels/andere Unterkünfte

De France ■ b 4
Einfache Zimmer, Dusche, TV, in Bahnhofsnähe.
6, rue de La Turbie; Tel. 93 30 24 64, Fax 92 16 13 34; 20 Zimmer ★★
AmEx EURO DINERS VISA

Helvetia ■ c 4
Etagenhotel zwischen Hafen und Bahnhof, nicht modern, aber freundlich und gepflegt, mit Bar und Teesalon.
1 bis, rue Grimaldi; Tel. 93 30 21 71, Fax 92 16 70 51; 25 Zimmer ★★
AmEx DINERS VISA

Hermitage M ■ de 1
Man wird zum Star unter (vier) Sternen. Hier ist die Belle Époque noch nicht untergegangen. Zierliche schmiedeeiserne Balkons schmücken die üppig dekorierte Seeseite, über dem Wintergarten wölbt sich feinster Jugenstil.
Square Beaumarchais; Tel. 92 16 40 00, Fax 92 16 38 52; 227 Zimmer ★★★★
AmEx EURO DINERS VISA

Monaco
0
150 m
Beausoleil
R. des Martyrs de la Résistance
R. Pasteur
Av. d'Alsace
R. Bellevue
R. Bel Respiro
Bd. Princesse
Bd. de Su
Av. Paul Doumer
Bd. des Moneghetti
R. Pasteur
Stade Couvert
Sacré-Cœur
R. Jean Bouin
R. Victor Hugo
R. Pierre Curie
Boulevard du Jardin Exotique
Ste-Dévote
Pl. Ste-Dévote
Ascenseur
Auréglia
Rue Louis Auréglia
Bretelle
Rue Grimaldi
Automobile Club
Quai Albert I
Bd. Albert I
Moyenne Corniche N7
Boulevard de Belgique
R. Joseph-Fr. Bosio
Boulevard Rainier III
R. Augustin Vento
Rue
Eglise Réformée
R. Princesse Florestine
Rue Louis
Rue Suffren-Reymond
Notari
La Condamine
Bd. du Jardin Exotique
Av. Hector Otto
Av. Hector Otto
Rue de la Turbie
Rue Grimaldi
De France
SNCF
Rue Princesse Caroline
Rue de Millo
R. Terrazzani
Rue des Açores
Rue Saige
Parc Princesse Antoinette
Bd. de Belgique
Av. Crovetto
St-Martin
Helvetia
Marché
Av. du Por
Moyenne Corniche N7
Musée d'Anthropologie Préhistorique
Rue de la Colle
Bd. du Jardin Exotique
Grotte de l'Observatoire
Jardin Exotique
Boulevard Charles III
Boulevard Rainier III
Jardin Animalier
Palais du Prince
Pl. du Palais
Collection de Voitures Anciennes
Musée des Timbres et des Monnaies
Musée Napoléonien
Av. Pasteur
Av. Pasteur
Av. Pasteur
Avenue de Fontvieille
Musée Naval
Av. de Prince Héréditaire Albert
Port de Fontvieille
Quai
Fontvieille
Av. des Papalins
R. du Gabian
Cimetière
Stade Louis II
de
Sanbarbani

Monte Carlo
Café de Paris
Place du Casino
Grand Casino
Grimaldi Forum, Sporting Monte-Carlo
Sporting d'Hiver
Av. Princesse Alice
Bd. de Suisse
Roqueville
Hermitage
Sq. Beau-marchais
Av. de la Costa
Av. de l'Hermitage
Av. de Monte Carlo
Larvotto
Centre de Congrès, Auditorium
Pointe Focinana
Bd. du Larvotto
Bd. Louis II
Av. d'Ostende
Av. Prés. J. F. Kennedy
Quai des Etats-Unis
Port de Monaco
Quai Albert I
Théâtre du Fort Antoine
Yacht Club de Monaco
Quai Antoine I
Av. de la Quarantaine
Av. de la Porte Neuve
Av. des Pins
Monaco
Musée de la Chapelle de la Visitation
Loth
Av. St-Martin
Historial des Princes de Monaco
Emile de
Mairie
Musée Océanographique
Cathédrale
Jardins St-Martin
Pointe St-Martin
© MERIAN-Kartographie
Tel. 089.450007.272

Spaziergang

Monaco ist kein Ort zum Spazierengehen, eher zum Klettern, wenn man sich nicht gerade per Aufzug hin- und herbefördern lässt und sich immer wieder zwischen hochaufstrebendem Beton befindet. Viele alte Häuser sind längst abgerissen, um neuen zweckmäßigen, eben hohen, Platz zu machen. Die meisten Sehenswürdigkeiten findet man auf dem Felsen **Monaco-Ville**, Casino und Kongresszentrum in **Monte-Carlo**, ebenso alle denkbaren Edel-Boutiquen von Bulgari, über Dior bis Hermès.

Sehenswertes

Automobilausstellung (Collection de Voitures Anciennes) ■ b 6

Seine Hoheit, der Fürst, sammelt: Dion Bouton 1903, Lamborghini Countach 1986, Bugatti 1929, Rolls Royce 1952. Wer den Citroën Torpedo der Serie der grünen Straßenkreuzer nicht kennt, hier steht er mit etwa 100 anderen Automobilen, ganz immobil.

Esplanade Rainer III (Fontvielle);
tgl. 10–18 Uhr

Casino ■ ef 1

Onyxsäulen, Fresken, Skulpturen und Uniformen im mit Marmor ausgelegten Atrium. Von da an wird's profan. Emsige Hausfrauen stapeln Chips neben eilig bedienten Automaten, lethargische Männer starren Pferden auf Bildschirmen hinterher und haben keinen Blick für die schönen bunten Glasfenster, die allegorischen Malereien und Bronzeleuchter. Unter einem riesigen Spiegel werden junge Croupiers eingewiesen.

Im Haus, das der Architekt der Pariser Oper, Charles Garnier, 1878 baute, befindet sich auch der rotgoldene Opernsaal Salle Granier.

Pl. du Casino; tgl. ab 12 Uhr für alle ab 21 Jahren (Personalausweiskontrolle)!

Cathédrale ■ d 6

In der 1875 in romanisch-byzantinischem Stil aus weißen Turbie-Steinen erbauten Kirche versteckt sich eins der Hauptwerke Louis Bréas, der **Retable de St-Nicolas**. Die meisten Besucher kommen wegen der Fürstengräber.

4, rue Colonel; Sept.–Juni So 10 Uhr Messe mit den monegassischen Sängerknaben

Jardin Exotique ■ a 5

Zwischen 7000 Euphorbien, südamerikanischen, mexikanischen Kakteen blickt man immer wieder von den Felsenflanken über das Fürstentum auf das Meer. Rund 60 m tief im Felsen liegt die prähistorische **Grotte des Observatoriums** mit Stalagmiten und Stalaktiten.

Bd. du Jardin (Moyenne Corniche);
15. Mai–15. Sept. tgl. 9–19 Uhr, sonst bis 18 Uhr

Place du Palais ■ c 5

Pünktlich um 11.55 Uhr klicken die Kameras zur Wachablösung. Wer den Blick wendet, hat einen traumhaften Blick auf Hafen, Monte-Carlo und Italien – über die Kanonen Ludwigs XIV. hinweg – und hinter der Pinienpromenade zum Stadtteil Fontvielle. Ganz zierlich, kleinteilig, alt und sehr, sehr gepflegt – wie eine Operettenkulisse? – wirkt Monaco auf dem Felsen.

Wenn auf dem Turm Ste-Marie des Fürstlichen Palais die Flagge flattert, ist der Fürst zugegen.

Mit dem **Ehrenhof** – mit 3 Mio. Kieselsteinen zu geometrischen Figuren gelegt – begann 1215 der Bau des Palastes (**Palais du Prince**) dort, wo einst eine Genuesen-Festung stand. Man kann die Italienische Galerie, den blau-goldenen Salon Ludwigs XIV., den mit Arabesken geschmückten Salon Mazarin und den Thronsaal mit Renaissance-Kamin besichtigen.

Juni–Sept. tgl. 9.30–18.20 Uhr,
Okt. 10–17 Uhr, im Sommer Hofkonzerte

Oben: Keine Operette, nur die Wachablösung zur Freude der zahlreichen Touristen, immer mittags, immer fünf vor zwölf, vor dem Fürstenpalais.

Mitte: Roquebrune – dies schöne Stückchen Erde tauschte Monaco für seine Unabhängigkeit von Frankreich ein.

Unten: Albert I. von Manoco hat vieles zusammengetragen, was das renommierte Meeresmuseum (Musée Océanographique) heute noch zeigt (→ S. 72).

Museen

Musée Océanographique ■ e 5
Das Meereskundemuseum und sein Aquarium sind allein einen Besuch in Monaco wert. Albert I., selbst ein renommierter Meereswissenschaftler, weihte es 1910 nach elfjähriger Bauzeit ein. Es besteht aus 100 000 Tonnen Gestein aus La Turbie. Die 85 m hohe Fassade überragt die Felsenküste, und Forschungslaboratorien reichen bis zum Meersspiegel. In imposanten Sälen sind eindrucksvolle Sammlungen, die Albert I. selbst zusammengetragen hat, und Modelle der Forschungsschiffe zu sehen.
Im Tiefgeschoss tummeln sich in 90 Becken Fische aus allen Meeren der Erde.
Av. St-Martin; April–Juni und Sept. tgl. 9–19 Uhr, Juli, Aug. 9–20 Uhr, Okt. und März 9.30–19 Uhr, Nov.–Feb. 10–18 Uhr

Musée des Timbres et des Monnaies ■ b 6
Briefmarkensammler werden ihre Freude haben: Philatelistische Raritäten des Fürstentums – aus der Sammlung seiner Hoheit –, Modelle, Prägestempel, Handpresse, Stahlgravuren. Und dass man sich hier auch mit Münzen auskennt, versteht sich von selbst.
Esplanade Rainer III (Fontvielle); tgl. 10–17, im Sommer bis 18 Uhr

Essen und Trinken

Café de Paris ■ e 1
Es nützt nichts, hier muss man sitzen. Hier sind alle. Sitzen oder gehen vorbei. Vielleicht auch Boris Becker. Auf jeden Fall sieht man viel Fallschirmseide und Fotoapparate. Manche sehen vorher auf die Karte, es ist auch nicht teurer als anderswo, also einen Kaffee bestellen. Hinter den Nobelschlitten gegenüber ist der Eingang ins Casino, das weltberühmte.
Pl. du Casino; tgl. 11.30–1 Uhr

Le Périgourdin
Der Patron kommt aus dem Périgord und liebt Enten, in jeder denkbaren Form köstlich zubereitet. Auch Fischliebhaber kommen auf ihre Kosten. Viel junges Volk.
5, rue des Oliviers (Monte-Carlo); Tel. 93 30 06 02; Sa mittags und So geschl.
★★ AmEx DINERS

Tony ■ c 5
Ein richtiges provenzalisches Bistro in der Nähe des Fürstenpalastes, und es gibt sogar ordentliche Muscheln und gute Weine.
6, rue Comte-Félix-Gastaldi; Tel. 93 30 81 37; Sa außerhalb der Saison geschl.
(keine Kreditkarten)

Am Abend

Die meisten Hotels haben eine eigene Piano-Bar. Berühmteste Diskothek ist **Jimmy'z** beim Sporting-Monte-Carlo – aber wer genügt schon dem strengen Blick der Türsteher hier?

Das **Cabaret du Casino** bietet von Mitte Sept. bis Ende Juni Mi–Mo Showprogramme (ab 22.30 Uhr).

Service

Auskunft
Office du Tourisme nördlich ■ e 1
2A, bd. des Moulins, 98030 Principauté de Monaco Cedex; Tel. 0 03 77 92 16 61 16, Fax 0 03 77 92 16 60 00;
Internet: www.monaco-congres.com

Stadtrundfahrt
Azur Express ■ e 5
Die Touristen-Kleinbahn in den Nationalfarben bringt Fremde in 30 Min. auf einer kommentierten Stadtrundfahrt (tgl. eine in französischer, italienischer, englischer und deutscher Sprache) zum Hafen, zu den Palasthotels, zum Spielcasino, zur Altstadt und zum Fürstenplatz.
Abfahrt: Ozean-Museum, tgl. ab 10.30 Uhr

Unumstrittene Königin der Riviera: faszinierende Lage, lebendige Altstadt, attraktive Museen, breite Boulevards und die berühmte Promenade des Anglais.

Nizza

D 7, S. 121

380 000 Einwohner
Stadtplan → Klappe hinten

Glücklicherweise gibt es die weltberühmte **Promenade des Anglais**, nach den Engländern benannt, die die Stadt im 19. Jh. als Urlaubsparadies entdeckten und zur Winterhauptstadt Europas kürten. Das macht es leichter, die Hauptstadt des Départements Alpes-Maritimes, die mehr ligurisch als französisch anmutet und für die im Deutschen auch der italienische Name gebräuchlich ist, zu begreifen.

Der vermutlich älteste kontinuierlich besiedelte Ort der Menschheit trägt bis heute lebendige Spuren seiner Geschichte. Zwischen Flughafen, an der Mündung des Var, und Burgberg (**Colline du Château**) breitet sich die Stadt in einem Tal aus und zerfranst in die Berge. Nicht nur die Fassaden, auch die regelmäßigen Straßenzüge verraten hier die Planung im 18. und 19. Jh. mit dem Zentrum **Place Masséna.**

Der Boulevard Jean-Jaurès trennt die Stadterweiterung der Neuzeit von der mittelalterlichen Altstadt mit engen Gassen. Die Promenade nach Norden begräbt den Fluss **Paillon**, der früher immer wieder für verheerende Hochwasser sorgte.

Reste einer Römerstadt sind im Stadtteil Cimiez ausgegraben. In die Nische zwischen Burgberg und Mont Boron fügt sich das **Fischerviertel** mit dem Hafen (und vielen Antiquitätenläden) ein.

Nizza ist keine Touristenstadt, jedenfalls nicht nur. Laut Statistik die fünftgrößte Stadt Frankreichs, ist sie doch die erste, wenn es um die Frage geht, wo Franzosen am liebsten leben würden.

35 Prozent der Bevölkerung des Départements leben in Nizza und 25 000 Studenten. Nizza verliert außerhalb der Saison nichts von seiner Lebendigkeit und unterhält seine Besucher auch dann noch mit zahlreichen Museen (nur Paris hat mehr) und Veranstaltungen. Während der Saison locken 7,5 km Strand, 300 ha Grünflächen und 150 Brunnen. Die Sonne, so hat man gezählt, scheint 2640 Stunden im Jahr. Mit Zügen und Bussen sind Attraktionen in der Umgebung schnell erreichbar. Drei Traumstraßen, untere, mittlere und obere **Corniche**, führen nach Osten.

Hotels/andere Unterkünfte

La Belle Meunière c 4

Zwar in Bahnhofsnähe, aber in einem Hof, mit Pinien und Feigen, treffen sich (nicht nur) Rucksacktouristen aus aller Welt und picknicken im Garten. Drei oder vier Personen können in den Genuss des großen Balkonzimmers kommen. Kein TV, keine Klimaanlage, aber Parkplatz.
21, av. Durante; Tel. 04 93 88 66 15,
Fax 04 93 82 51 76; 17 Zimmer ★
AmEx EURO DINERS VISA

Les Camélias d 4

Madame führt das paradiesisch ruhige Hotel mitten in der Stadt seit mehr als 50 Jahren, und es vermit-

telt, mit Gärtchen und Wintergarten, das Flair der Belle Époque. Parkmöglichkeit.
3, rue Spitalieri; Tel. 04 93 62 15 54,
Fax 04 93 80 42 96; 31 Zimmer ★★
AmEx EURO DINERS VISA

De la Fontaine M ■ b 5
Liebenswürdige, hilfsbereite Menschen, schöne Zimmer, am angenehmsten die zum Hof, und beim erstklassigen Frühstück vom Buffet hört man das Plätschern eines Brunnens – das alles mitten im Zentrum, wenige Schritte zum Meer oder zur Fußgängerzone.
49, rue de France; Tel. 04 93 88 30 38,
Fax 04 93 88 98 11; 29 Zimmer ★★★
AmEx EURO DINERS VISA

Grimaldi MM ■ c 4-5
Ausgesprochen charmantes kleines Hotel mitten in der Stadt. Die Zimmer aufs Schönste provenzalisch: Farben, Stoffe, Schmiedeeisen. Klimatisiert, TV, naher Parkplatz.
15, rue Grimaldi; Tel. 04 93 16 00 24,
Fax 04 93 87 00 24; 23 Zimmer ★★★
AmEx EURO DINERS VISA

Au Picardy ■ e 5
Das einzige – und kleine – Hotel fast in der Altstadt, mit Balkonblumen und Innenhof mehr eine Familienpension als ein Hotel. Bei offenem Fenster schlafen geht wohl nicht.
10, bd. Jean-Jaurès; Tel. 04 93 85 75 51;
9 Zimmer ★ (keine Kreditkarten)

Spaziergang

Wo sollte man einen Nizza-Rundgang beginnen, wenn nicht an der **Promenade des Anglais**, wo Angestellte auf den blauen Stühlen die Mittagspause nutzen und Touristen wie seit mehr als hundert Jahren promenieren, Hunde spazieren führen und – seit einigen Jahren – Inlineskater über die breite Bahn flitzen. An den schmalen Kiesstränden der Engelsbucht wechseln öffentliche und private (Hotel-)Zonen. Jenseits der sechsspurigen Straße reihen sich Nobelbauten wie das berühmte **Hotel Negresco** (1906) und architektonische Belanglosigkeiten aneinander. Die schöne Art-déco-Fassade des **Palais de la Méditerranée**, 1929 als Casino eröffnet, ist seit Jahren zugehängt, die Erbin verschwunden, ein Freund gar des Mordes verdächtigt. Im **Jardin Albert I.** sitzen die Schattensucher. Hier wird die Promenade zum Quai des États-Unis und unter dem Burgberg zum Quai Rauba Capéu (Huträuber!). In der Kurve wirft man als menschlicher Zeiger Schatten auf die Sonnenuhr.

Auf der anderen Straßenseite fährt ein Aufzug hinter der Treppe zum **Parc du Château** mit nur kläglichen Burgresten – Ludwig XIV. hatte sie abräumen lassen –, aber gutem Überblick. Man erkennt Mont Baron und Hafen, Alt- und Neustadt und ganz weit im Westen den Flughafen. Historischer Boden liegt unter den Füßen. Griechische Phokäer ließen sich im 4. oder 5. Jh. v. Chr. hier nieder. Vom 12. Jh. an entstand unten als Neustadt die heutige Altstadt. Auf dem **Friedhof** am Parkende liegt auch der wohl berühmteste Niçois, **Guiseppe Garibaldi** (1807–1882), begraben. Über die Allée François-Aragon klettert man hinunter in die Altstadt (**Montée du Château**).

Fast an der Kreuzung Rue Rossetti/Rue Droite liegt die Jesuitenkirche **St-Jacques** (1607–1650), Il Gèsu in Rom nachgebaut und auch Église du Gésu genannt. Jenseits der Kreuzung der **Palais Lascaris** (Nr. 15), im Genueser Barock (Mitte des 17. Jh.). An der Place Rossetti die **Kathedrale der hl. Reparata,** im 17. Jh. einer Märtyrerin geweiht. Südlich die Präfektur, einst Schloss der Herzöge von Savoyen (18. Jh.), daneben der Justizpalast. Im rechten Winkel schließt sich Nizzas schönste, wohl auch bedeu-

Oben: Zu laut, zu viele Menschen, Hunde, Kinder, Touristen und Skater – an der Promenade des Anglais herrscht fast immer Trubel.

Mitte: Überall in der Altstadt findet sich ein Bistro, eine Brasserie, ein Restaurant mit einem freien Platz. Jedenfalls mittags. Abends kann es mancherorts schon eng werden.

Unten: Musée d'Art Moderne et d'Art Contemporain – Calders Mobile lässt seine bunten Scheiben vor der Marmor-Trutzburg für moderne Kunst schwingen, und Niki de Saint-Phalles Drachen funkelt mit jeder Silberschuppe (→ S. 77).

tendste Kirche an, die **Chapelle de la Miséricorde** in prächtigstem Barock hinter schlichter Fassade. Von der Place Pierre-Gauthier gelangt man auf den **Cours Saleya**, Markt, berühmter Blumenmarkt (außer Mo) und abendlicher Treffpunkt. In einem Café, vielleicht mit Durchblick zum Meer, lässt sich der nächste Spaziergang planen.

Sehenswertes

Cathédrale Orthodoxe Russe St-Nicolas ■ b 3

Ein Stückchen Russland in Nizza: Kaiserin Maria Feodorowna, Witwe Zar Alexanders III., ließ 1903 dort, wo ihr ältester Sohn 1863 gestorben war, im Park der Villa Bermond, die schönste orthodoxe Kirche außerhalb Russlands nach dem Vorbil der Moskauer Basiliuskathedrale bauen. Mit Backsteinen aus dem Rheinland, Fliesen aus Florenz, fünf vergoldeten Türmen erhielt die russische Gemeinde in Nizza damit Ersatz für eine längst zu klein gewordene Vorgängerkirche. Innen ist sie, mit Fresken, Schnitzereien und kostbaren Ikonen, so prächtig ausgestattet wie außen.
Av. Nicolas II.; im Sommer Di–So 9–12 und 14.30–18 Uhr, im Winter 9.30–12.30 und 14.30–17 Uhr. Gottesdienste Sommer Sa 18 Uhr, Winter 17.30 Uhr, So 10 Uhr

Cimiez ■ ef 1

Im Jahre 1866 wurde der Boulevard de Cimiez in die alte, ganz eigene Römerstadt, 3 km von Nizza entfernt, angelegt. Cimiez wurde zum Prominentenviertel, dem Fürsten, Grafen, Könige und Kaiser Glanz verliehen. Geblieben sind einige pompöse Paläste. Das Kloster am Osthang (16./17. Jh.), **Monastère de Cimiez**, erhielt 1845 eine neugotische Fassade. In der Kirche **Notre-Dame-de-l'Assomption** kann man drei Meisterwerke der Nizzaer Schule besichtigen, insbesondere ein Triptychon (1475) ihres Hauptvertreters Louis Bréa. Zu den eindrucksvollsten Resten der Römerstadt gehören die **Thermen** aus dem 3. Jh. n. Chr. und ein kleines **Amphitheater** (im Sommer Di–So 10–12 und 14–18 Uhr, Winter bis 17 Uhr).

Cours Saleya ■ d 6

Wer hier nicht war, auf der Promenade des Ancien Régime in der Altstadt, war nicht in Nizza. Hier trifft man sich im Café oder Restaurant, bummelt über den Blumenmarkt und den Markt, montags über den Flohmarkt. Von hier aus streift man durch die Altstadtgassen mit Kirchen und Palästen. In der Parallelstraße, Rue de la Préfecture, lebte und starb (1840) Paganini. Seine Nachbarn dachten, er sei vom Teufel besessen, weil er mit seiner Geige gern das Miauen der Katzen imitierte. Der Bischof von Ste-Réparate verweigerte ihm daraufhin ein christliches Begräbnis.

10

Place Masséna ■ d 5

Das eigentliche Zentrum der Stadt mit ligurisch-roten Fassaden, Arkadenhäusern vom Beginn des 19. Jh. Im Norden beginnt die Av. Jean-Médecin mit vielen Geschäften und auch Kaufhäusern. Die Fußgängerzone im Westen sieht aus wie alle.

Promenade des Anglais ■ abc 5-6

So schön können karitative Unternehmen gelingen. Der englische Pastor mit dem passenden Namen Lewis Way spendierte 1822 als Mittel gegen die hohe Arbeitslosigkeit Kollektengelder für eine Arbeitsbeschaffungsmaßnahme, so dass aus einem schmalen Uferweg eine Promenade wurde. Und die zahlreichen englischen Wintergäste konnten trockenen Fußes ans Meer. Bei den Einheimischen hieß die neue Straße zunächst »camin dei Anglès«. 1844 wurde sie umbenannt.

Museen

Musée d'Art Moderne et d'Art Contemporain (MAMAC) ■ e 4
Als alle begannen, zeitgenössische Kunst auszustellen, hatte Nizza es gut. Von den Impressionisten bis zu den Fluxuskünstlern hatten die meisten im Süden gelebt. So zeigt die Kunstburg aus Carrara-Marmor (Yves Bayard) neben Wechselausstellungen die neue Nizzaer Schule (César, Arman, Tinguely, vor allem Yves Klein und seine berühmten monochromen »Blaus«) und Pop Art (Andy Warhol, Roy Lichtenstein, Claes Oldenburg, Gilbert & Georges und vor allem Ben – Benjamin Vautier).
Promenade des Arts; Mi–Mo 10–18 Uhr

Musée des Beaux-Arts ■ a 5
Die schönen Künste, Gemälde und Skulpturen, werden gezeigt, vor allem italienische Malerei aus dem 17. bis 19. Jh.
33, av. des Baumettes, Di–So 10–12 und 14–18 Uhr

Musée Matisse ■ e 1
Eine chronische Bronchitis brachte den Maler 1917 nach Nizza, im »Régina Palace« hatte er zwei Etagen gekauft. In der Nähe, hinter einem Park, liegt in einem rostroten Haus aus dem 18. Jh. das Museum, das Werke aus allen Schaffensperioden zeigt. Nach seinem Tod 1954 wurde Matisse auf dem Hügel von Cimiez beigesetzt.
164, av. des Arènes-de-Cimiez; April–Sept. Mi–Mo 10–18 Uhr, sonst bis 17 Uhr

Musée National Message Biblique – Marc Chagall ■ d 3
Den »Traum der ganzen Menschheit« sah Chagall (1887–1985) in der Bibel. 3 17 Monumentalgemälde sind in einem lichtdurchfluteten Gebäude ausgestellt, das André Hermant 1972 dafür entworfen hat.
Av. du Docteur Ménard; Juli–Sept. Mi–Mo 10-18, sonst bis 17 Uhr

Musée de Terra Amata ■ f 6
Am Hang des Mont Baron hinter dem Hafen fand der Archäologe Rivière 1873 in Höhlen uralte Knochen und Werkzeuge. Am prähistorischen Ort wurde dieses Museum errichtet, das die Zeit vor 400 000 Jahren lebendig werden lässt.
25, bd. Carnot; Di–So 10–12 und 14–18 Uhr, 2. Septemberhälfte geschl.

Essen und Trinken

Café-Restaurant de la Bourse ■ e 5
Gute Hausmannskost, Treffpunkt der Einheimischen.
15, pl. St-François; Tel. 04 93 62 38 39; nur mittags ★ (keine Kreditkarten)

La Cave ■ d 5
Kein Platz? Es gibt wirklich nur den kleinen Raum und die Tische vor der Tür, auf denen gute provenzalische Küche serviert wird: Scampi provenzalisch, **dorade** an Gemüsesabayon, Fischsuppe, Zitronenkuchen.
Rue Francis-Gallo; Tel. 04 93 62 48 46; nur abends, außer Mo ★★ (keine Kreditkarten)

Fenocchio ■ de 5
70 Eissorten, darunter so exotische wie Ingwer, Kaugummi, Tomate ...
2, pl. Rossetti

Restaurant du Gesù ■ d 5-6
Altstadt-Treffpunkt, alles duzt sich, immer voll, immer gleich gut, klassisches Angebot: Pizza, Nudeln, Frittiertes, Gefülltes.
1, pl. de Jésus; Tel. 04 93 62 26 46; So geschl. ★ (keine Kreditkarten)

Le Grand Café de Turin M ■ e 5
Das Fischlokal in Nizza, von 8 bis 22 Uhr (Juli und Aug. 17–23 Uhr) werden Austern gegessen. Die beiden Räume sind immer voll, die Terrasse auch. Wer will, trinkt nur ein Glas.
5, pl. Garibaldi, Tel. 04 93 62 29 52 ★★
AmEx EURO DINERS VISA

La Merenda ■ d 5
Klassiker oder Legende? Kein Telefon und nur 24 Plätze – und immer krachend voll. Man muss also vorbeikommen zum Reservieren. Mit etwas Glück genießt man an einfachen Holztischen lokale Spezialitäten, Kutteln, gefüllte Sardinen, Stockfisch, Ratatouille ...
4, rue de la Terrasse; Sa, So und an Feiertagen geschl. ★★ (keine Kreditkarten)

Les Pêcheurs M ■ f 6
Neben dem schönen Blick – auf weiße Segel und den abends beleuchteten Burgberg – verrät die Dekoration mit Fischernetzen und Kupfertöpfen, dass hier in erster Linie Fisch – und auch eine gute Bouillabaisse – gegessen wird.
18, quai des Docks (Ostseite des alten Hafens); Tel. 04 93 89 59 61; Mi und Do mittags geschl. ★★ AmEx EURO DINERS VISA

Voyageur Nissart ■ c 4
Einfache und gute nissardische Küche in Bahnhofsnähe: Raviolis niçois, **ossobuco** (Kalbshaxe), Zucchini-Tarte, die Karte wechselt täglich.
19, rue Alsace-Lorraine; Tel. 04 93 82 19 60 ★ (keine Kreditkarten)

Einkaufen

Alziari M M ■ d 6
Tapenade (Olivenpüree) und köstliches Olivenöl sind die Renner im Angebot.
14, rue St-François-de-Paule

Auer ■ d 5-6
Die Patisserie ist eine Legende, sowohl was die Dekoration als auch die Süßwaren betrifft.
7, rue St-François-de-Paule

Boulangerie Espuno M ■ e 5
Brote: mit Oliven, Käse, Anis, Fenchel ...
Rue Droite/Pl. St-François

Galeries Lafayette ■ c 4
Filiale des berühmten Pariser Kaufhauses.
6, av. Jean-Médecin

Am Abend

Le Bar des Oiseaux M ■ d 5
Werbung von gestern an den Wänden, dazwischen flattern Vögel frei herum, und manchmal gibt Noëlle eine Ein-Frau-Show. Nizzas Künstler treffen sich hier. Man isst ein **pan-bagnat** oder probiert einen Cocktail wie **farigoule** (auf Thymianbasis).
5, rue St-Vincent; Mo–Sa 11–15 und 19–2.30 Uhr

Iguane Café ■ f 6
Hinter dem alten Hafen treffen sich die Nachteulen zu vorwiegend exotischen Rhythmen.
5, quai des Deux-Emmanuels; tgl. 22–4 Uhr

Oper ■ d 6
Dort, wo das Stadttheater abgebrannt war, entstand 1881 bis 1885 nach Plänen von Charles Garnier die Belle-Époque-Oper.
Rue St-François-de-Paule

Service

Auskunft
Comité Régional du Tourisme Riviera–Côte d'Azur ■ c 5
55, promenade des Anglais, BP 1602, 06011 Nice Cedex 1; Tel. 04 93 37 78 78, Fax 04 93 86 01 06; Internet: www.nicetourism.com

Flughafen
Aéroport Nice-Côte d'Azur
Tel. 04 93 21 30 30

Hafen
Port de Nice
Tel. 04 92 00 42 42

Taxi
Tel. 04 93 13 78 78

Ziele in der Umgebung

Beaulieu-sur-Mer

4300 Einwohner ■ E 7, S. 121

Der »schöne Ort« (= **beau lieu**) liegt, vor Nordwind geschützt und daher mit üppiger Vegation, an der Ameisenbucht (**Baie des Fourmis**) zwischen Monaco und Nizza. Besucher schätzen einen der besten Sportboothäfen an der Küste, manche auch die Feriensiedlung »Petite Afrique«. Mit der **Villa Kérylos** ließ sich der Archäologe Theodor Reinach zu Beginn des 20. Jh. einen antiken griechischen Palast mit Fresken, Mosaiken und Skulpturen auf einer Landzunge an der Bucht errichten (15. Feb.–11. Nov. 10.30–18 Uhr, Juli, Aug. bis 19 Uhr, 15. Dez.–14. Feb. Mo–Fr 14–18 Uhr, Wochenende und Ferien 10.30-18 Uhr, Eintritt 7 €).

Coaraze

■ D 6, S. 121

650 Einwohner

Entzückendes mittelalterliches Dörfchen in den Seealpen, das schon wegen seiner **Barockkirche** sehenswert ist, besonders aber wegen der **Sonnenuhren** (am Kirchplatz und an der Post) von Cocteau, Ponce de Léon und Goetz.

Èze

■ E 7, S. 121

2500 Einwohner

Mauern aus dem 17. Jh. umgeben das winzige **Èze-Village** (altes Dorf) an der mittleren Corniche, das auf 427 m Höhe noch von einer Burgruine und einem exotischen Garten – Traumblick inklusive – gekrönt wird. Boutiquen und Souvenirläden säumen die engen Kopfsteinpflastergassen (die im Sommer von Touristen verstopft sind) bis hinauf zum **Château Eza**, wo ausgesprochen freundliches Personal eines hervorragenden Restaurants die Gäste auf der Terrasse bedient (Tel. 04 93 41 12 24, Di und Mi geschl. ★★★ AmEx EURO DINERS VISA). Über den **Friedrich-Nietzsche-Weg** (er soll hier 1884 den dritten Teil seines Meisterwerkes »Also sprach Zarathustra« entworfen haben) klettert man in einer guten Stunde hinunter nach **Èze-Bord-de-Mer**.

Hotels/andere Unterkünfte

L'Hermitage du Col d'Èze MM
Wunderbar gelegener Familienbetrieb oberhalb des Ortes mit Schwimmbad und Restaurant.
Av. des Diables-Bleus; Tel. 04 93 41 00 68; Fax 04 93 41 24 05; 14 Zimmer ★★
AmEx EURO DINERS VISA

Levens

■ D 6, S. 121

1010 Einwohner

Ein wahrhaft mittelalterliches Ensemble klebt am Hang, **ehemaliger Herrensitz** der Familie Riquier (13. Jh.), dann der Grimaldis. Im Jahre 1621 probten die Bewohner den Aufstand gegen ihre Herrschaft und verlangten Unabhängigkeit, zerstörten das Schloss und deponierten einen Stein als Zeichen ihres Sieges.

Lucéram

■ E 6, S. 121

1030 Einwohner

Hinter den Zinnen der mittelalterlichen Stadtmauern drängen sich pastellfarbene Häuser am Hang eines steilen Felsens. Heraus ragt die weißrosa Kirche **Ste-Marguerite** mit wunderschönen Retabeln der Nizzaer Schule des 15. und 16. Jh. (Schlüssel beim Pastor rechts neben der Kirche).

Spaziergänger wandern über Treppen und unter Arkaden und stoßen immer wieder auf Relikte aus vergangenen Zeiten, zum Beispiel auf große steinerne Gemeinschaftsbacköfen. Und zwischen den Häusern über den Straßen gibt es so genannte Pontis, kleine, platzsparende Brücken.

Peille

1600 Einwohner E 6, S. 121

Unter **Burgruinen** aus dem 13. Jh. klebt das Dorf fast theatralisch in 630 m Höhe am Hang über dem Fluss Peillon. Touristen kommen nur am Wochenende, die Alten sitzen auf einer Bank in der Hauptstraße. Wer einige Worte mit ihnen wechselt, wird feststellen, dass sie einen dem Nizzaer ähnlichen Dialekt sprechen. Eine alte Römerstraße – mehr ein Weg oder ein Maultierpfad – verbindet Peille in etwa zwei Stunden mit Peillon. Auch der Gipfel des **Mont Baudon** ist von hier aus erreichbar, im Nordosten erreicht man ihn in zwei Stunden. Wer am ersten Sonntag im September kommt, erlebt die **Fête des Baguettes**, bei der die Mädchen ihren Liebsten ein geschmücktes Brot überreichen.

Peillon

1200 Einwohner E 6, S. 121

Ist es wirklich das schönste Dorf der Côte d'Azur? Zwischen Pinien und Oliven kommt man über eine schmale Straße, entdeckt zunächst einen Brunnen von 1800 und mag kaum glauben, dass dieses entzückende Nest mit Kopfsteinpflaster und Arkaden, Gewölben und Treppen, auch wenn hier Künstler leben, kein Kunstgewerbeladen geworden ist. In der Kapelle der Weißen Büßer (Chapelle des Pénitents Blancs) von 1495, die im 17. Jh. restauriert wurde, kann man schöne **Fresken von Canavesio** sehen (Sa und So, sonst im Rathaus fragen).

4

Saint-Jean-Cap-Ferrat

1900 Einwohner E 7, S. 121

Baronin Béatrice Ephrussi de Rothschild, die hier vor dem Ersten Weltkrieg das Paradies in Form florentinischer, spanischer, englischer, japanischer, französischer und exotischer Gärten auf 7 ha anlegen ließ und deren Pflege höchstselbst überwachte, weilte nur drei Jahre auf der Halbinsel der Milliardäre. Als Museum erhalten ist ihre rosa-weiße, von den Renaissancepalästen Ravennas und Florenz' inspirierte Villa (**Villa Île-de-France**, am Anfang des Caps, Untere Corniche, 15. Feb.–1. Nov. 10–18 Uhr, Juli, Aug. bis 19 Uhr, Nov.–5. Feb. nur am Wochenende und in den Schulferien 10–18 Uhr, in der Woche 14–18 Uhr, nur Salons und Gärten, Eintritt 7,60 €).

Ab 1900 etwa wurden die bescheidenen Häuschen des Fischerdorfes St-Jean-Cap-Ferrat durch **Luxusvillen** ersetzt. Ein nach wie vor wunderschönes Stück Küste – vielleicht das schönste – ist erhalten geblieben. Auch **Cocteau** liebte diesen Ort und hinterließ im **Rathaus** ein bemaltes Hochzeitszimmer.

MERIAN-Tipp

Train de Pignes Gut drei schöne Stunden braucht die Schmalspurbahn von Nizza bis zum 151 km entfernten Digne-les-Bains, von der Küste in die Berge. Brücken, Tunnel und Viadukte lösen sich ab, während der Zug durch die Vororte und das Var-Tal, an Weinfeldern und Obstbäumen vorbei, immer weiter nach Norden fährt. Entrevaux lugt aus den Felsen, hinter Annot werden 1000 m Höhe erreicht. Der Zug fährt vier Mal täglich. Abfahrt: Gare des Chemins de Fer de Provence, 4 bis, rue Alfred-Binet, Tel. 04 93 88 34 72

c 2, Klappe hinten

Oben: Die Gründerin ist längst verblichen, jetzt hat die steinerne Dame im Garten die elegante Villa Rothschild am Cap Ferrat und die fleißigen Gärtner ständig im Blick.

Mitte: Über Èze und Mittelmeer sitzt man, der Welt entrückt, beim Café (→ S. 79).

Unten: Es braucht nicht viel Fantasie, sich zwischen all den griechischen Säulen, auf den luftigen Höfen und in den hohen, mit Fresken und Mosaiken ausgestatteten Zimmern der Villa Kérylos in Beaulieu-sur-Mer den Traum des Bauherrn vorzustellen (→ S. 79).

Hotels/andere Unterkünfte

La Bastide
In so luxuriöser Umgebung erwartet man kaum günstige Hotels. Von einigen Zimmern hat man einen atemberaubenden Blick aufs Meer. Es gibt einen kleinen Garten und ein Restaurant, in dem traditionelle provenzalische Küche serviert wird.
3, av. Albert Ier; Tel. 04 93 76 06 78, Fax 04 93 76 19 10; 13 Zimmer ★★
AmEx EURO DINERS VISA

Le Clair Logis
Ein Sommertraum: alle Zimmer mit Balkon oder eigener kleiner Terrasse. Selbst de Gaulle soll sich hierher (schon vor 50 Jahren) zurückgezogen haben. Im Sommer geht aber ohne rechtzeitige Reservierung gar nichts.
12, av. Centrale; Tel. 04 93 76 04 57, Fax 04 93 76 11 85; 18 Zimmer ★★★
AmEx EURO DINERS VISA

Service

Auskunft
Office du Tourisme
59, av. Séméria, 06230 St-Jean-Cap-Ferrat; Tel. 04 93 76 08 90, Fax 04 93 76 16 67

La Turbie

■ E 7, S. 121

3000 Einwohner

Von weitem schon sieht man das Denkmal **Trophée des Alpes** (oder d'Auguste), mit dem der römische Senat sechs Jahre vor unserer Zeitrechnung Kaiser Augustus dafür geehrt hatte, dass er acht Jahre zuvor die rebellischen ligurischen Stämme unterworfen hatte. Ludwig XIV. ließ es sprengen, und zu Beginn des 20. Jh. wurde es so erneuert, wie es heute, in einem Park, zu sehen ist. Ein Museum zeigt archäologische Sammlungen (9, pl. Théodore de Banville, April–20. Juni tgl. 9.30–18 Uhr, 21. Juni–20. Sept. bis 19 Uhr, sonst 10–17 Uhr).

Villefranche-sur-Mer

8200 Einwohner ■ E 7, S. 121

Östlich des Mont Boron an einer ungewöhnlich tiefen **Bucht** – hinter einem schmalen Sandstrand wird es gleich 60 m tief – versammelte sich in 20er und 30er Jahren des 20. Jh. die literarische Gesellschaft der Côte d'Azur um den Salonlöwen **Jean Cocteau**. Er malte, als er 1957 im berühmten Hotel Welcome lebte, die gegenüberliegende Fischer-Kapelle **St-Pierre** aus. Der hübsche Ort versteckt sich, wie es scheint. Man muss schon zur mächtigen **Zitadelle** (16. Jh., **Musée Volti** mit Werken des Zeichners und Bildhauers; **Musée Goetz-Boumeester** mit Gemäldesammlung von Picasso, Miró usw.) hinunterfahren oder an der Kirche **St-Michel** hinunterklettern zum Hafen.

Hotels/andere Unterkünfte

Le Provençal
Sieht ein bisschen italienisch aus, das hübsche Haus mit seinen Türmchen. Unbedingt vorbestellen!
4, av. du Maréchal-Joffre; Tel. 04 93 76 53 53, Fax 04 93 76 96 00; 49 Zimmer ★★
AmEx EURO DINERS VISA

Essen und Trinken

La Mère Germaine
Kenner nennen dieses reizend am Hafen gelegene Restaurant eins der besten zwischen Nizza und Monaco. Alles stimmt – das hat seinen Preis.
Quai Gustave-Courbet; Tel. 04 93 01 71 39; in der Saison tgl. geöffnet ★★★
AmEx EURO DINERS VISA

Service

Auskunft
Office du Tourisme
Jardin François-Binon, 06230 Villefranche-sur-Mer; Tel. 04 93 01 73 68, Fax 04 93 76 63 65

Zum Verlieben schön ist das Hinterland des Golfes von Saint-Tropez immer noch, und auch das Städtchen selbst hat seinen unübersehbaren Reiz.

Saint-Tropez

■ E 3, S. 119

6300 Einwohner
Stadtplan → S. 85

Die außerordentlich hübsche Bucht zog schon immer Eroberer an: Ligurer, Kelten, Griechen, Römer. Und dann die Maler, zuerst, 1892, **Paul Signac**, der für das unglaubliche Licht schwärmte, das ihm adäquat nur in Punkten umsetzbar schien. Und tatsächlich hat der **Pointillismus** das Leuchten und Vibrieren in verblüffender Lebendigkeit bewahrt. Signac folgten Matisse, Braque, Seurat und andere. Dann – in den 20ern – kam Colette, schwärmte von der verschwenderischen Fülle der Natur und schrieb. Tucholsky war zu dürftig, was er 1925 sah (»... dann schon lieber Neuruppin«).

Nach dem Zweiten Weltkrieg kamen andere Künstler, mehr in der Selbstdarstellung geübt. Die Existenzialisten folgten Juliette Gréco. Sartre saß auf den roten Stühlen des **Cafés Sénéquier**. Aber erst in den 50ern – mit Brigitte Bardot, Roger Vadim, mit Françoise Sagan, Gérard Philippe, mit Playboys und Rocksängern – wurde das Städtchen zu »Saint-Trop«, Sommerquartier von »le Tout-Saint-Germain«. Noch immer kommen 100 000 in der Saison, Reiche und Schöne, Laute und Leise, sogar mit dem »Héli«, weil die Staus auf der einzigen Zufahrtsstraße in der Sommerhitze mörderisch sind. Alle, die sich selbst, ihre Harley, ihren Bentley, ihre Yacht zeigen wollen, haben eine Chance.

Hotels/andere Unterkünfte

Lou Cagnard südlich ■ b 2
Das große provenzalische Haus liegt nur einige Schritte vom Hafen entfernt, und es empfiehlt sich, ein Zimmer zum Garten mit Blick auf Maulbeer- und Feigenbäume zu reservieren. Parkmöglichkeit.
18, av. Paul-Roussel; Tel. 04 94 97 04 24, Fax 04 94 97 09 44; 19 Zimmer ★★
(keine Kreditkarten)

La Ponche MM ■ b 1
Charmantes Luxushotel aus alten Fischerhäuschen im alten Fischerviertel, in dem schon Picasso an der Bar stand, Boris Vian schrieb und die Bardot sich amüsierte.
3, rue des Remparts; Tel. 04 94 97 02 53, Fax 04 94 97 78 61; 18 Zimmer ★★★★
AmEx EURO DINERS VISA

Lou Troupelen
Einfaches Landhaus mit angemessenen Preisen in den Weinfeldern. Frühstück unter Bäumen, Parkplatz, und nur 500 m in die Stadt.
Chemin des Vendanges; Tel. 04 94 97 44 88, Fax 04 94 97 41 76; 45 Zimmer ★★
AmEx EURO DINERS VISA

Spaziergang

Der Boule-Platz im Schatten uralter Platanen, die heutige **Place Carnot** – vor einigen Jahren umbenannt und bei der Bevölkerung immer noch Place des Lices –, ist ein guter Ausgangspunkt für einen Stadtrundgang. Die Rue Georges-Clemenceau mit Läden und Restaurants führt di-

MERIAN-Tipp

Cogolin Fast so groß wie die nur 10 km entfernte berühmte Schwester, lockt das mittelalterliche Städtchen Cogolin (9100 Einwohner) am Fuß des Maurenmassivs mit ganz anderen Reizen. Die hier produzierten **Teppiche** (Bd. Louis-Blanc) schmücken das Weiße Haus ebenso wie den Palast von Aga Khan. **Bruyère-Pfeifen** (58, av. Georges-Clemenceau) werden hergestellt, und auch für seine **Mundstücke** für Blasinstrumente ist das Städtchen weltbekannt. ■ D 3, S. 119

rekt auf den **alten Hafen** zu. Je nach Jahreszeit liegen dort mehr oder weniger prachtvolle Yachten, und linker Hand breiten Maler und Händler Dutzendware aus. Rot und gelb ragt der Kirchturm aus den Dächern der Altstadthäuser, kein Gebäude ist höher. Der Weg nach rechts über den Quai Jean Jaurès führt am berühmten **Café Sénéquier** vorbei. Der **Tour du Portalet** an der Mole gehörte einst zur Stadtmauer. Über Place de la Mairie und Rue de la Ponche erreicht man, am kleinen Fischereihafen vorbei, die verwinkelte **Altstadt der Fischer**. Von der Place du Revelin steigt die Rue Cavaillon – parallel zum Wasser – zu einem der schönsten Friedhöfe der Küste an. Darüber liegt die **Zitadelle** mit dem **Marinemuseum**. Und hier oben, mit dem Blick auf Dächer und Meer, könnte man verstehen, dass Saint-Tropez ein mythischer Ort ist.

Museen

Musée de l'Annonciade ■ ab 2
Im Jahre 1955 hat Louis Süe die alte Kapelle Notre-Dame-de-l'Annonciade (erbaut 1568), die seit der Revolution nicht mehr genutzt wurde, zu einem einzigartigen Museum gemacht. Georges Grammont heißt der Mäzen, der der Stadt seine wertvolle Sammlung schenkte. Und so ist hier ein Haus entstanden, das in unglaublicher Fülle zeigt, was in Saint-Tropez in der Zeit von etwa 1890 bis zwischen den Kriegen von längst berühmten Malern auf die Leinwand gebannt wurde: Pierre Bonnard, Paul Signac, Georges Braque, Raoul Dufy, Henri Matisse, Georges Seurat, Maurice Utrillo ...
Pl. Grammont; Mi–Mo 10–12 und 15–19 Uhr, Okt.–Mai 14–18 Uhr

Essen und Trinken

L'Auberge des Maures M ■ b 2
In einem Gässchen, das von der Rue Allard abzweigt, ein richtig provenzalisches Lokal in einem schattigen Hof: alles frisch vom Markt, Fisch und Fleisch gegrillt, und auf Vorbestellung bekommt man sogar eine Bouillabaisse.
Rue du Docteur-Bouttin; Tel 04 94 97 01 50
★★★ AmEx EURO DINERS VISA

Le Café des Arts MM ■ c 2
Alles ein bisschen wie von gestern, die Farbe der Wände, die abgenutzten Kacheln, die Bistrotische, die Leute – man fühlt sich wie im Film über die Côte d'Azur, und dafür sind die Preise angemessen.
Pl. des Lices; Tel. 04 94 97 02 25 ★★★
AmEx EURO DINERS VISA

Les Graniers ■ c 1
Man sitzt unter Sonnenschirmen am Strand und freut sich über die verlässliche Qualität trotz sommerlicher Meute. Spezialität des Hauses sind gegrillte Fischgerichte, der Wein kommt von der örtlichen Kooperative.
Am 1. Strand hinter dem Fischereihafen; Tel. 04 94 97 38 50; Mitte Okt.–April geschl. ★★ AmEx EURO DINERS VISA

Le Sénéquier ■ b 1
Insider betreten die Terrasse von hinten. Und wer – nicht nur zufällig – am Karree ganz links sitzt, ist jedenfalls **branché**, also absolut »in«.
Quai Jean-Jaurès

Einkaufen

Alles was, neu, modern, schön und teuer ist, findet sich in der **Fußgängerzone**.

Abends

Klassiker des nächtlichen Vergnügens sind die **Caves du Roy**, eine Diskothek im Keller des Hotels Byblos an der Place des Lices. Das Jetset-Publikum wird am Eingang allerdings handverlesen. Da bleibt die **Bodega du Papagayo** am Hafen. Und wenn der Morgen graut, trifft man sich zu kubanischer Musik im **Bodeggita**.

Service

Auskunft
Office du Tourisme ■ b 1
Quai Jean-Jaurès, 83990 Saint-Tropez;
Tel. 04 94 97 45 21, Fax 04 94 97 82 66

Ziele in der Umgebung

Gassin ■ D 3, S. 119

2700 Einwohner

Eins der anerkannt schönsten Dörfer Frankreichs, von Weinfeldern umgeben und sehr gepflegt, mit romanischer Dorfkirche, Resten einer Festung aus Sarazenenzeit und, aus 200 m Höhe, großartigem Blick.

Hotels/andere Unterkünfte

Bello Visto M
Wie der Name schon sagt: Die Aussicht ist grandios. Unten liegt die Bucht von St-Tropez, auf der Terrasse sitzt der Hotelgast und genießt die köstlichen Muscheln (**sauce poulette**).
Pl. du Barri; Tel. 04 94 56 17 30,
Fax 04 94 43 45 36; 9 Zimmer ★★
AmEx EURO DINERS VISA

Grimaud/Port Grimaud

3300 Einwohner ■ D 3, S. 119

Wie aus dem Architektenbilderbuch, wunderschön restauriert, mit Blumen geschmückt oder mit Arkaden wie die **Rue des Templiers**. Die **Burgruine**

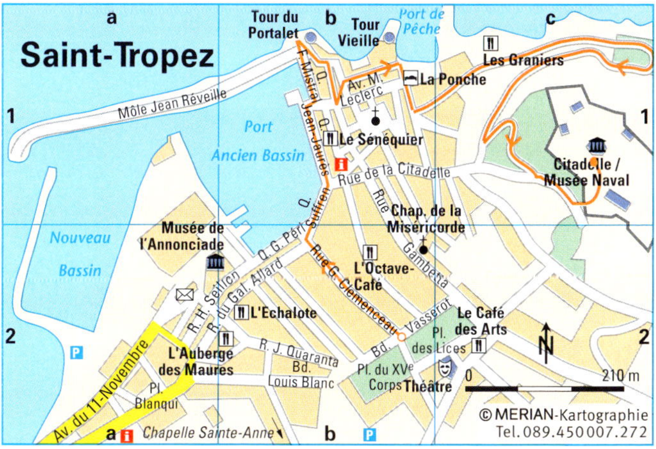

der ehemaligen Herren von Grimaldi erlaubt zudem noch einen weiten Blick auf die Bucht. Leckermäuler gucken eher auf dem Boulevard des Aliziers in die **Pâtisserie du Château**.

Ungefähr 6 km entfernt wuchs ab 1966 ein einzigartiges Küstendorf aus dem Sumpf, ein pastellfarbener provenzalischer Ferienort mit Kanälen, wo jeder sein Boot vor der Haustür festmachen kann.

Massif des Maures

■ B 3, S. 118

Über 60 km, fast von Hyères bis Fréjus, zieht sich das 30 km breite und von Wald bedeckte steinige Bergland an der Küste entlang. Es hat seinen Namen nicht von den Mauren (Sarazenen), sondern vom provenzalischen Wort »maure«, was so viel bedeutet wie »dunkel« und »unheimlich«. In einem Talkessel liegt der Ferienort **Collobrières** (die dortige **Confiserie Azurienne** ist Liebhabern exquisiter Konfitüren und kandierter Früchte einen Umweg wert).

Über die D 14 gelangt man von hier aus zur **Chartreuse de la Verne**, einem 1170 gegründeten Kartäuserkloster, in dem seit 1982 wieder die Schwestern von Bethlehem leben und große Teile (Kreuzgänge, Kapellen, Kartause, Friedhof, Bäckerei und Ölpresse) der Öffentlichkeit wieder zugänglich gemacht haben (im Sommer Mi–Mo 11–18 Uhr, im Winter bis 17 Uhr, Nov. geschl.). Nördlich von Collobrières kann man das Schildkrötendorf (**Village des Tortues**) in **Gonfaron** besuchen (März–Nov. tgl. 9–19 Uhr).

Nur Reste einer Festung – sehr schöner Blick – erinnern in **La Garde-Freinet** an das ehemalige Räubernest der Sarazenen, das zwar inmitten der Wälder 400 m hoch, aber nur eine halbe Autostunde vom Strand entfernt liegt (Office du Tourisme, Tel. 04 94 43 67 41, Fax 04 94 43 08 69).

Ramatuelle

■ D 3, S. 119

2100 Einwohner

Hausmauern schützen wie eine Festung den hübschen Ort ohne besondere Sehenswürdigkeiten in sehr schöner Landschaft inmitten von Weinfeldern. Im Sommer öffnen Künstler, Kunsthandwerker und Antiquare ihre Läden. Der feine Sandstrand **Pampelonne**, fast 5 km lang mit gut zwei Dutzend Restaurants, gehört zum Gemeindegebiet. Gérard Philippe ist 1959 in Ramatuelle gestorben. Franzosen besuchen das Grab mit weißem Stein rechts an der Friedhofsmauer.

Rayol

■ D 3, S. 119

700 Einwohner

Allein die Lage an der Corniche des Maures ist schon einen Abstecher zur **Domaine du Rayol** wert: ein idyllischer Garten, 1910 auf 5 ha wie ein Amphitheater mit Kiefern, Korkeichen, Mimosen und über 400 mediterranen Pflanzenarten angelegt. In Regie des Küstenkonservatoriums gepflegt, bildet er eine märchenhafte Kulisse für sommerliche Musikabende (Mo, 21 Uhr). Av. des Belges; tgl. 9.30–12.30 und 14.30–16.30 Uhr (Führung 15 Uhr).

Sainte-Maxime

■ E 2, S. 119

9000 Einwohner

Palmen an der Uferpromenade, eine kleine Fußgängerzone, schmale Sandstrände – aus der alten Siedlung der Phönizier ist längst ein beliebtes Familienbad mit Yachthafen und einer Fülle von Ferienresidenzen geworden. An der D 25 nach Muy liegt das **Musée du Phonographe** (10 km, Ostern–Sept. Di–So 10–12 und 14–18 Uhr). Leierkästen, Musikautomaten, mehr als 300 Exponate. Office du Tourisme, Tel. 04 94 96 19 24, Fax 04 94 49 17 97.

Oben: Im mittelalterlichen Cogolin werden immer noch Bruyère-Pfeifen hergestellt (→ MERIAN-Tipp S. 84).

Mitte: Bis zu 100 000 Besucher am Tag – da kann »Saint-Trop« gar nicht genug Strände haben. Aber welcher für wen gerade in, also »branché«, ist, weiß nur die jeweilige Szene.

Unten: Die Chartreuse de la Verne, ein Kartäuserkloster aus dem 12. Jahrhundert, war fast verfallen, als 1982 die Restaurierungsarbeiten begannen, die mittlerweile zum Teil abgeschlossen sind.

Kein Kind soll sich langweilen. Aqua-Splash (Antibes) und Aquatica (Fréjus) klingen verlockend, und man hört schon von weitem, dass französisches Kreischen genauso klingt wie heimatliches. Die Riesenrummelplätze bieten tatsächlich jedem Spieltrieb eine Fülle von Möglichkeiten.

Inseln entdecken, in exotischen Gärten über Riesenkakteen staunen, in kleinen Zügen durch fremde Städte rollen – überall ist Kinderland.

Erlebnisse ganz anderer Art aber warten auch außerhalb der Zäune. Wenn in Monaco Ende Januar das Zirkusfestival gefeiert wird, Menton im Februar in der Hand zitronen- und orangefarbener Personen und Tiere ist, Napoleon am ersten Märzwochenende in Golfe-Juan landet, dann geschieht das alles nicht nur zur Unterhaltung großer und kleiner Gäste. Man erlebt ein Stückchen fremder Traditionen mit.

Petits Trains Touristiques rollen regelmäßig durch Antibes, Cagnes-sur-Mer, Cannes, Grasse, Le Canet, Menton, Monaco, Nizza, Vence und Villefranche. Sie machen neugierig auf das, was man später genauer erkunden möchte. Mit dem Pinienzapfenzug (→ MERIAN-Tipp S. 80) kann man von der Küste langsam in die Berge fahren und zusehen, wie sich die Landschaft vom Meer bis zu den Alpen verändert und wie tief sich Flüsse in die Täler gegraben haben. Und viele der Museen machen Kindern mindestens so viel Spaß wie Erwachsenen.

Aqua-Splash ■ D 7, S. 121

Das flächenmäßig größte Wasservergnügen an der Côte d'Azur lockt mit zwölf Riesenrutschen, einem Meerwasserwellenbad, 1000 Kubikmeter Ruhebecken, einem langsam fließenden Fluss und allerlei Wasserspielen. Auch Fastfood, Snacks und Boutique fehlen nicht.

309, av. Mozart, Antibes; Mitte Juni–Mitte Sept. tgl. 10–19 Uhr, Erw. 12,50 €, Kinder (3–12 J.) 10 €

Automaten- und Puppenmuseum

Was Erwachsene so sammeln: Madame de Galéa hat zu ihren Lebzeiten zusammengetragen, was uns heute ein Bild des 19. Jh. vermittelt. Zu den Puppen in Kostümen von damals gibt es Möbel, Geschirr, alles, was zum Alltag gehört. Neapolitanische Krippenfiguren ergänzen die Ausstellung.

Musée National de Monaco

nördlich ■ f 1, S. 69

17, av. Princesse-Grace, Monte-Carlo; Ostern–Sept. tgl. 10–18.30 Uhr, Sept.–Ostern tgl. 10–12.15 und 14.30–18.30 Uhr

La Ferme des Courmettes

■ E 1, S. 119

Eine richtiger Bauernhof (800 m über dem Meer), auf dem Ziegenkäse hergestellt wird, ist zu besichtigen. Von Anfang Februar bis Ende Oktober kann man sehen, wie der Käse entsteht – nein, *die* Käse, denn es gibt ihn »nature«, trocken, mit Pistou, Zwiebeln, Kräutern, Pfeffer ... und kaufen kann man ihn auch.

Domaine des Courmettes, Tourrettes-sur-Loup; Tel. 04 93 59 39 93; Eintritt frei

La Petite Ferme Provençale

■ D 8, S. 121

Die kleine provenzalische Farm ist, trotz der Haustiere, schon eine Ferienfarm. Mit Marionettentheater und Sulkie, mit Bootsfahrten und Kutschen sollen die Besucher zu den Ursprüngen geführt werden.

309, av. Mozart, Antibes; tgl. ab 10 Uhr; Erw. 8 €, Kinder 6,50 €

Gläsbläserei – Verrerie d'Art
■ E 7, S. 121
Es gibt viele Glasbläsereien, in Biot gleich ein halbes Dutzend, aber hier, in Èze-Village, darf auch Fragen stellen, wer nur Deutsch kann. Wer Französisch (oder Englisch oder Italienisch) spricht, ist auch in allen anderen Betrieben gut aufgehoben.
Pl. du Général-de-Gaulle; Éze-Village; Tel. 04 93 41 16 74; Sommer tgl. 8–21 Uhr, Winter tgl. 9–19 Uhr; Eintritt frei

Graveur und Sculpteur Andi Kassen
■ E 6, S. 121
Die uralten Felszeichnungen aus dem »Tal der Wunder« werden hier noch einmal zur Kunst, und zwar auf edlem Papier. Hier kann man sehen, wie es geschieht. Die Arbeiten des Künstlers sind auch im Museumsshop des prähistorischen Museums Menton und in der Galerie in Sospel ausgestellt.
Rue Jeanne d'Arc, Sospel; Tel. 04 93 04 10 87; Juli–Sept. tgl. 14–18 Uhr, im Winter Mo–Fr 14–18 Uhr

Grottes de Baume Obscure
■ B 7, S. 120
Tropfsteinhöhlen sind Märchenland, kühles zudem. Hier geht es, etwa eine Stunde, einen unterirdischen Fluss entlang.
St Vallier de Thiey (nördlich von Grasse); Juli, Aug. tgl. 10–19 Uhr, April–Juni und Sept. 10–17 Uhr, Wochenende bis 19 Uhr, Okt.–März Di–So 10–17 Uhr

Koaland ■ E 7, S. 121
Das Spielfeld ist 1,5 ha groß, der Eintritt ist frei, aber Mitmachen kostet: Manege, kleiner Zug, Karting, Videospiele, Minigolf, Seelöwendressuren, Fahrt im Lindwurm ...
5, av. de la Madone, Menton; tgl. 10–12 und 15–1 Uhr (außerhalb der Saison bis 19 Uhr, außerhalb der Ferien Di geschl.)

Minigolf
Plätze gibt es in **Antibes** (309, av. Mozart), wo es auf drei Parcours mit 18 Löchern durch exotisches Gebiet (Grotten und Kaskaden) geht (im Sommer tgl. ab 10 Uhr, Erw. 7 €, Kinder – zwischen 3 und 12 Jahren – 4,50 €). **Minigolf Safari** heißt es in **Menton** (**Parc d'Attractions Koaland**, av. de la Madone), aber es ist ein Rasenparcours mit 18 Löchern (Sommer 15–24 Uhr, Eintritt 4,50 €). Beim **Golfe Miniature** in **Monaco** (**Parc Princesse-Antoinette**) steht man im September vor verschlossenen Türen. Im Juli und August kann man sein Glück dienstags bis sonntags von 14 Uhr bis Mitternacht versuchen (Erw. 3,50 €, Schüler 1,50 €).

Parfüm-Quellen
Die großen Duftfabriken kann man in Grasse besichtigen, aber hier geht's um den Grundstoff, die Blumen. Ein Gärtner führt durch Blumenfelder. Was wie Wildwuchs aussieht, ist wohl gezähmt: Lavendel, Rosen, Oliven und Eschen, Rosmarin und Thymian, Linden und vieles mehr.
Les Champs des Fleurs ■ C 7, S. 120
Rue Principale, Gourdon; Tel. 04 93 09 68 23; im Sommer tgl. 9.30–19.30 Uhr, im Winter 10–18 Uhr; Führung auch engl. und deutsch; Eintritt 2 €.

Visiobulle ■ D 8, S. 121
Die Scheiben sind geputzt, ein »yellow submarine«, ein gelbes Ungetüm wie ein Spielzeugboot, startet zur Bucht der Milliardäre am Cap d'Antibes, deren teure Häuser Besucher von Land aus gar nicht so richtig sehen können. Wichtiger aber ist die hinter den Scheiben zu entdeckende Unterwasserwelt: Seeigel und Seesterne leben hier, vieles bewegt sich, Flora oder Fauna?
Ponton Courbet (gegenüber Maison du Tourisme), Juan-les-Pins; April–Sept., ca. 1 Std.; Erw. 10,50 €, Kinder (2–12 J.) 4,50 €

EXTRA: Sport und Strände

Niemals wird man Zeit genug haben: zum Schwimmen, Klettern, Surfen, Kanufahren, Segeln, Tauchen, Fliegen, Reiten, Rad fahren, Wandern, Angeln. Sogar Wasserski – schon vergessen, was das war? – läuft man noch, trägt sogar Wettkämpfe aus wie in Roquebrune. Zugegeben, die **Strände**, die die großen Städte so dekorativ säumen, bestehen aus groben Kieseln, die das Meer rundgewaschen hat. Die feinsandigen muss man mancherorts suchen. Der Wind vor der **Halbinsel Giens bei Hyères** verleiht den **Surfern** der Nachsaison, so scheint es, Flügel.

Versteckte Strände, Golf vor paradiesischer Kulisse, das L'Estérel-Gebiet aus der Vogelperspektive, Forellen fischen, sogar Skilaufen geht.

Nachsichtig belächeln **Wanderer** in der leisen Welt des **Mercantour-Nationalparks** die Küstenschwärmer. Sie suchen die Zeichen unserer Urahnen in den Felsen und mutmaßen, dass frische Spuren von Wölfen stammen. An bunten Riesenflügeln hängen Menschenbeine hoch in der Luft. **Kletterer** taxieren die Wände von **Perthus** und **Roussiveau**. Oder halten in mehr als 800 m Höhe im **Hinterland von Vence** die Luft an, wenn ihnen die ganze Traumküste zu Füßen liegt.

Ein russischer Fürst, Großherzog Michael, hat 1891 den ersten **Golfplatz** an der Riviera, **Cannes-Mandelieu**, gegründet. Längst liegen mehr als zwei Dutzend – schöne und wunderschöne – Anlagen so nah beieinander, dass allein die schwierige

Verhandlungen mit einem Strandhändler am Tahiti Beach in Saint-Tropez.

Entscheidung für einen der Golfplätze einen ganzen Urlaub in Anspruch nehmen kann.

Angeln

Hochseefischen (Antibes, Mandelieu-La Napoule, St-Laurent-du-Var, Villeneuve-Loubet) ist Großfischfang, meist **Tun- und Schwertfisch**, zwischen 30 und 50 Meilen auf offenem Meer (Auskunft: Tel. 04 91 72 63 96). Die **Binnenfischerei** ist streng geregelt. Verlockend bleiben die Seealpen dennoch, gehören doch 97 Prozent von 1200 km der Gewässer zur Spitzenklasse. Dazu gehören **Var, Tinée, Vésubie** und **Roya**, die für ihre Forellen bekannt sind. Die lokalen Fremdenverkehrsämter beraten über den jeweiligen Erwerb der Angelerlaubnis. Als Anglerparadies gilt auch der **See von St-Cassien** im Naturschutzgebiet von Fondurane (Tel. 04 94 47 75 90).

Fliegen

Das größte europäische Segelflugzentrum liegt in **Fayence**. Man kann dort fliegen lernen (30 Flugzeuge), Kurse. Tel. 04 94 76 00 68. Drachen- und Gleitschirmflieger finden ihre Paradiese in den **Seealpen**. Informationen über Schulen, Verbände, Veranstaltungen erteilt die **Fédération Française de Vol Libre**; (Tel. 04 97 03 82 82, Fax 04 97 03 82 83).

Golf

Dass die Côte d'Azur eine »Golf«-Küste ist, versteht sich fast von selbst. Für die immer noch elitäre Sportart bieten sich mehr als zwei Dutzend Plätze an, fast alle in traumhafter Lage, mit Blick auf das Meer oder schneebedeckte Berge. Ein Verzeichnis verschicken die regionalen Fremdenverkehrsämter in Nizza und Draguignan (→ S. 105).

Klettern

Alle Schwierigkeitsgrade sind im Hinterland der Küste anzutreffen, und besonders Steilwandkletterer finden zahlreiche Möglichkeiten. Ob im Voralpengebiet von Grasse, im Roya-Tal oder im Nationalpark Mercantour, Namen wie **Cougourde** (2912 m), **Mont Clapier** (3045 m) oder **Ténibre** (3021 m) klingen gut in Bergsteigerohren. Informationen über die regionalen Fremdenverkehrsämter (→ S. 105) oder **das Comité Départemental de la Montagne et de l'Escalade** (Tel. 04 93 96 17 43).

Rad fahren

Fahrrad fahren heißt hier meist Mountainbike oder VTT (Vélo Tout Terrain). Allein in den **Seealpen** sind 65 Strecken ausgewiesen. Unterlagen auch für gemütlichere Strecken (Rundfahrt von **Collobrières**, 83 km;

Höhenstraße des **Mauren-Massivs,** 95 km; durch das **Estérel-Massiv,** 65,5 km) gibt es beim Fremdenverkehrsamt des Var (→ S. 105).

Reiten

Im Gebiet von **Grasse** (St-Vallier), im **Estéron-Tal** (Gilette, Séranon) und im **Mercantour** gibt es Bauern- und Reiterhöfe, von denen aus man die Seealpen vom Pferderücken aus, mit und ohne Führer, erkunden kann. Infos: **Comité Départemental d'Equitation de Randonnée** (Tel. 04 93 42 62 98, Fax 04 93 42 64 73).

Wandern

Ein Netz von Wanderwegen (Markierung gelb-rot) und Fernwanderwegen (GR = **Sentiers de Grande Randonnée,** Markierung rot-weiß) durchzieht den Süden Frankreichs. Allein 4000 km in den **Seealpen,** unterschiedlich lang, leicht und schwierig, gepflegt und mit Wanderhütten bestellt. Die Serie *Topo Guide* beschreibt sie detailliert, mit Karten, Restaurants und Unterkünften.

Wassersport

An mehr als drei Dutzend Häfen können Kapitäne vor Anker gehen, und in wirklich jedem Küstenort gibt es Angebote zum Segeln, Tauchen, Surfen für Anfänger und Fortgeschrittene (Weltmeisterschaftssport – Funboard – am Strand von **Almanare** in **Hyères**). Für Tauchsport-Anfänger ist auch Port-Cros attraktiv: Einführung in die Unterwasserwelt, toll für Tieftaucher ohne Sauerstoff-Flasche.

Wildwassersportler (Canyoning, Rafting, Schwimmen = **nager en eau vive**) finden ihre gefährlichen Spielplätze von April (Mai oder Juni, je nach »Wasserlage«, Schneeschmelze etc.) bis Okt. in **Var, Estéron, Loup, Roya** und **Siagne**. Vereine stellen Führer und Ausrüstung, Informationen beim regionalen Fremdenverkehrsamt (→ S. 105) oder beim **Comité Régional de Canoe-Kajyk** (Tel. 04 92 00 44 50, Fax 04 93 89 05 33).

An der Kreuzung La Garde Freinet im Massif des Maures muss man sich entscheiden: in die Berge oder ans Meer.

Wintersport

Langlauf, Abfahrt, Skiwanderungen und Tiefschneefahren sind eine knappe Stunde von der Küste entfernt möglich. Neben dem Retortendorf **Isola 2000** nördlich des Mercantour gibt es in den Seealpen traditionelle Skigebiete wie **Auron** und **Valberg** (95 km von Nizza), 115 Lifte, 1200 km Piste – und Après-Ski unter Palmen am Meer ...

Strände

Kläranlagen und regelmäßige bakteriologische Kontrollen sorgen für eine gute Wasserqualität. Von 149 Prüfpunkten erreichen zwei Drittel regelmäßig Bestnoten.

Cagnes-sur-Mer ■ D 7, S. 121
Kiesstrand, 5 km.

Cannes ■ C 8, S. 120
Aufgeschütteter Sandstrand.

Cap d'Ail ■ E 7, S. 121
Schöner Küstenweg zu den Stränden vor den Toren Monacos, daher viel genutzt.

Hyères ■ B 4, S. 118
Feine Sandstrände und kleine Buchten an der Halbinsel Giens.

Juan-les-Pins ■ D 8, S. 121
Schöner, geschützter Sandstrand.

Le Levant ■ D 4, S. 119
Die Insel (Héliopolis) ist die FKK-Hochburg der Küste.

Mandelieu-La Napoule ■ F 1, S. 119
Versteckte Buchten, Sandstrände unter Pinien.

Massif des Maures ■ B 3, S. 118
Die schönsten Sandstrände der Küste liegen zwischen **Hyères und Fréjus** am Fuß des Mauren-Massivs.

Menton ■ E 7, S. 121
Sand- und Kieselstrände.

Monaco ■ E 7, S. 121
Heißer Sand, knapper Platz.

Nizza ■ D 7, S. 121
Viel Kies (7 km). Neben öffentlichen Strandabschnitten immer wieder kostenpflichtige mit (edler) Restauration. Bis Cap d'Antibes auch Felsen.

Saint-Jean-Cap-Ferrat ■ E 7, S. 121
Meer und Berge treffen hier zusammen, in kleinen Einbuchtungen Sandstrände, auch im Schatten von Pinien.

Saint-Tropez ■ E 3, S. 119
5 km feiner Sandstrand (**Pampelonne**) zwischen Cap du Pinet und Pointe de Bonne-Terrasse in der Gemeinde Ramatuelle. Mondän.

Théoule-sur-Mer ■ F 1, S. 119
Unglaublich feine Sandstrände, kleine Buchten.

Villefranche-sur-Meer ■ E 7, S. 119
Kleiner Strand, klares Wasser.

MERIAN-Tipp

Nautikpass Mit dem Nautikpass (erhältlich beim Wassersportzentrum des Ferienortes) hat man von Mai bis September zu Vorzugspreisen Zutritt zu allen Wasser-Aktivitäten (Segeln, Hochseefischen, Para-Sailing, Wasserflugzeug, Tageskreuzfahrten). Die dem Netz »France Station Voile, Nautisme et Tourisme« angehörenden Orte garantieren qualifizierte Betreuung. Informationen im Internet: www.france-nautisme.com

Ein aufregendes Hinterland

schließt sich an die blaue Küste an, aber selbst am Meer lohnen die schönen Ab- und Umwege gelegentlich einen Ferientag.

Gleich hinter der Stadt, so scheint es, beginnen bei Menton die Seealpen, die Frühling auch im Winter ermöglichen. Aber der Schein trügt, wie Ausflügler schnell merken.

Dem Schnee entgegen: Von Nizza zum Cime du Gélas

Vögel fliegen 40 Kilometer von der Mittelmeerküste vor Nizza bis zum 3143 Meter hohen Schneegipfel des Gélas, Menschen im Auto wechseln langsam Höhen und Welten. Darum kommt ihnen die Strecke durch die »Suisse niçoise« im Vésubie-Tal, wie man hier sagt, länger vor, als sie ist.

Etwa 92 Meter über dem Meeresspiegel, das ist der **Burgberg von Nizza**. Man verlässt die Küste der kanarischen Palmen und der Zedern vom Himalaya in Richtung Norden auf der D 19 Richtung Tourrette-Levens, biegt links zum **Mont Chauve** ab und findet sich schnell in der **Garrigue**, dem Land der immergrünen Eichen, der Wacholder- und Ginsterbüsche. Regen hat den Kalkboden ausgewaschen, hier und da sind Terrassen für die Olivenkultur angelegt. Man kann in die Fledermaushöhle von **Ratapignata** mit ihren Stalagmiten sehen und in der Ferne Wasser plätschern hören. War die Pyramide ein Wasserturm?

854 Meter: Vom **Chauve** hat man schon einen herrlichen Blick. Ob sich der russische Komponist Mussorgski hier zu seiner symphonischen Dichtung »Nacht auf dem Mont Chauve« inspirieren ließ? Zurück auf die D 19 nach Levens.

1413 Meter: Unter dem Gipfel des **Mont Férion** erlaubt ein Wachturm – als Waldbrandmelder gebaut – einen Blick auf Mittelmeer, Var-Tal und im Osten das Paillon-Tal. Vom Fort aus kann man sich vorstellen, dass der Var lange Zeit die natürliche Grenze Frankreichs war.

953 Meter: Der **Vésubie** stürzt sich rauschend in eine Schlucht. Sein Tal war Schauplatz gigantischer seismographischer Bewegungen. 1564 hat das schwerste Erdbeben, das Frankreich erlebte, das Dorf **Lantosque** fast zerstört, und zwischen

den Bergen haben blutige Grenzkriege stattgefunden. Im kleinen Laden gegenüber der Post gibt es Wasser aus dem »Tal der Wunder«.

2300 Meter: Über **Belvédère**, ein Alpendorf, das nichts Provenzalisches mehr erkennen lässt, und **Saint-Martin-de-Vésubie**, wo sich Boréon und Madone de Fenestre zum Vésubie vereinigen, erreicht man – auf einem bis zu 15 Prozent ansteigenden Sträßchen, das 1998 nach etwa sechs Kilometern vom Wasser zerstört wurde und der Reparatur harrt – das Refugium **Madone de Fenestre**, eine Hütte für Wanderer und somit nur zu Fuß erreichbar. Auf 1900 Metern Höhe steht eine **Wallfahrtskapelle**. Wo alle Straßen zu Ende sind, beginnt der **Mercantour-Nationalpark**, der fast den ganzen Norden des Départements einnimmt. Hinter den Bergen versteckt sich das Tal der Wunder, **Vallée des Merveilles**, mit uralten Felszeichnungen. Auf dem **Gélas**-Gipfel könnte Schnee liegen.

Auf der Rückfahrt biegt man hinter Belvédère auf die D 70 und fährt über den **Col de Turini** nach Süden. **Peira-Cava**, 1500 Meter hoch, liegt an einer Serpentinenstraße, über die auch die Rallye von Monte-Carlo führt. Der Ort, einer der höchstgelegenen im Département, ist zudem von einem der schönsten Nadelwälder der Region umgeben. Der Wald von Turini reicht bis zum 2082 Meter hohen **Authion** über den beiden Tälern von Vésubie und Roya, Schlachtfeld im Zweiten Weltkrieg. Das hübsche mittelalterliche **Lucéram** an der D 2566 ist eine Pause wert, bevor es über die D 2204 zurück nach Nizza geht.

Informationen über Wanderungen, Führungen, Klettern-, Kajak-, Reit- oder Radtouren im Mercantour-Nationalpark liefern der Parc National du Mercantour in Nizza (Tel. 04 93 16 78 88), das Bureau de Guide du Val des Merveilles in Tende (Tel. 04 93 04 77 73) und das Bureau des Guides du Mercantour in St-Martin-de-Vésubie (Tel. 04 93 03 31 32).

Länge: ca. 100 km; **Dauer:** mindestens 1 Tag;
Karte: → S. 121

Mit dem Auto

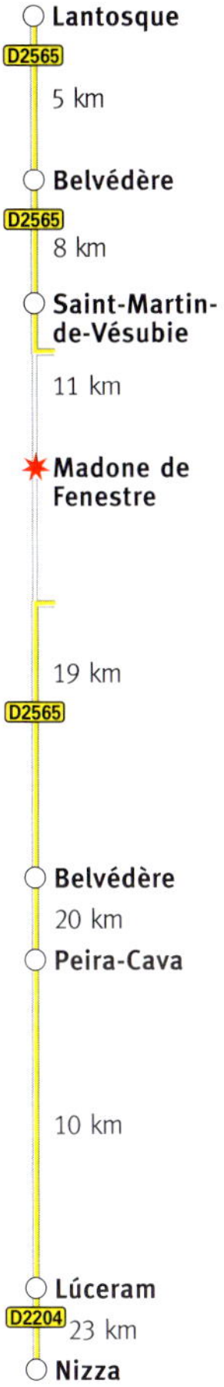

Über Italien nach Tende

Wer »XXmiglia« sieht, muss **Ventimiglia** lesen, in Frankreich heißt der erste Ort jenseits der französischen Grenze Vintimille. Jeden Freitagmorgen sind die Marktpilger unterwegs, ganz früh schon. Dann beginnt der wohl zwei Kilometer lange Markt am Ufer, und am Nachmittag sind die Züge Richtung Côte d'Azur proppenvoll mit Menschen, Taschen, Tüten. Dieselbe Riviera wie in Menton, doch offensichtlich eine andere Welt. Die Stadt an der Roya-Mündung, mit einer Altstadt am Berg und der Neustadt am Meer hinter Palmen, sieht viel bescheidener aus und ist mehr Arbeits- als Ferienort. Die Häuser sind nicht kräftig bunt, der Putz bröckelt.

Auto-, Zugstrecke – Richtung Turin – und Grenze laufen zunächst nebeneinander. Schnell verlässt man die Vorgärten des Ortes, und es geht aufwärts, bis zur französischen Grenze bei **Fanghetto**. Die Fahrt ist mühsam, Kehren, Schleifen, Tunnel lösen sich ab, und ganz unten rauscht der Roya. Das war das Jagdgebiet des italienischen Königs Vittorio Emmanuele II, als die feine Gesellschaft noch die Sommer in den Bergen genoss.

Breil-sur-Roya am linken Flussufer ist der erste Ort an der Strecke. Hier wird ein köstliches Olivenöl gepresst, das schon früh am Zarenhof geschätzt und bis Skandinavien exportiert wurde. Die dichten Wälder werden allmählich durchsichtiger, die Vegetation zunehmend niedriger. Das schöne Dörfchen **Saorge** mit einer erstaunlich jungen Bevölkerung lädt zur Pause ein. Die Reste einer Burg erinnern an die einst strategische Lage des Ortes.

Überhaupt sieht es beim Näherkommen aus wie eine bewohnte Festung über steilem Hang. Dass es auch eine ist, merken Besucher sofort: Das Auto muss draußen bleiben. Die mittelalterlichen Gassen zwischen den hoch gestapelten Häusern sind nicht viel mehr als schmale Gänge, von Treppen abgelöst. Wer zum barocken Franziskanerkloster am Ende des Ortes will, passiert sogar ein Waschhaus.

Saint-Dalmas-de-Tende verblüfft mit einem geradezu riesigen Bahnhof. In den 30er Jahren war der Ort eine beliebte Sommerfrische, und dies war der Grenzbahnhof auf der Strecke Nizza–Cuneo.

Dann ist **Tende** erreicht, 876 Meter hoch, erst seit 1947 (und nach Volksentscheid französisch), und der **Col de Tende** legt noch 1000 Meter dazu. Man kann auch diesen Ort nur zu Fuß besichtigen (Parkplätze sind an der Hauptstraße und am Bahnhof zu finden), zur Kirche hochgehen, weiter zum Friedhof und zu den Burgresten. Dann blickt man über die tief gezogenen Schieferdächer, an denen der Schnee abgleiten kann, und hat vielleicht Lust bekommen, an einem andern Tag zum Mercantour-Nationalpark zu wandern. Im **Museé des Merveilles** (an der Hauptstraße, Richtung Italien links) kann man sich auf das gleichnamige Tal einstimmen. Auf der Rückfahrt kann man nach Sospel abzweigen und dann wieder hinunter nach Menton fahren.

Hin- und Rückfahrt: ca. 100 km ; **Dauer:** Tagesausflug;
Karte: → S. 121

Saorge
E74 9 km
Saint-Dalmas-de-Tende
E74 4 km
Tende

Sospel – das sind pastellfarbene Häuser vor den Gipfeln der Seealpen und eine Brücke mit Zollturm aus dem 11. Jahrhundert. Allerdings wurde sie im Krieg so stark beschädigt, dass sie bis 1953 wieder aufgebaut werden musste.

Zum Nationalpark Île de Port Cros

Seit 1963 ist das gesamte Eiland Nationalpark, 640 Hektar, über und unter Wasser – einmalig in Europa.

Die Überfahrt dauert nicht lang, gerade eine halbe Stunde von **Le Lavandou**, drei Mal die Woche in der Vor- und Nachsaison, sechs Mal täglich im Sommer. Von **Hyères** braucht man eine Stunde, und die Fahrt – nur im Juli/August – ist mit dem Besuch der Île du Levant kombiniert.

Port-Cros: ein großer, nicht sehr hoher Stein im Meer, zerklüftet, mit dunklem Grün überzogen. Palmen am Hafen, eher eine kleine Bucht, und ein Haus mit blauen Fensterläden, **Maison du Port**, na klar. Sie haben sogar Gästezimmer. Hier kann man auch länger bleiben, mindestens jedoch zwei Nächte. Ein richtiges elegantes Hotel gibt es auch. Port-Cros ist fast rund, die längste Entfernung von einem Ufer zum andern beträgt 4,5 Kilometer. Wenn da der Berg in der Mitte nicht wäre, **Mont Vinaigre** heißt er und ist 196 Meter hoch.

Es gibt zahlreiche Tier- und Pflanzenarten, sogar endemische, das heißt solche, die nur hier vorkommen. 114 Tierarten sollen es genau sein, die meisten haben Federn, viele haben Namen, die im Wörterbuch nicht zu finden sind.

Ein botanischer Pfad (**Sentier Botanique**) führt bis zum kleinen **Strand de la Palud**. Am Weg liegt das **Fort de l'Estissac**, unter Richelieu gebaut. Der Strand ist meist voll.

Manche Tagesgäste – das sind fast alle, die kommen – haben Badezeug mit. Aber es gibt nur zwei kleine Strände am Fuß der Klippen.

Über dem Dorf **Port-Cros** liegt ein hübscher kleiner **Seemansfriedhof**. Ein Zehn-Kilometer-Rundweg ist ausgeschildert, der **Circuit Historique**, sehr schön, immer wieder der Blick auf das azurblaue Meer. Man passiert eine alte Sodafabrik und mehrere Forts, jedenfalls Befestigungen, die dazu da waren, Eroberungen zu verhindern. Denn eigentlich war das Inselchen eine richtige Bastion. Die Naturschützer würden sie gern wieder besetzen und den Hafen schließen.

Dauer: Tagesausflug; **Karte:** → S. 118

Strandwanderung zum Cap de Saint-Tropez

Vielleicht liegt es ja gar nicht am berühmten Städtchen selbst, weder an bekannten Bewohnern noch sagenhaften Urlaubern, dass sein Ruf unvergänglich und seine Beliebtheit durch nichts zu stören ist? Wer einmal um das Cap spaziert, wird sich unsterblich verlieben und feststellen: Es ist die paradiesische Natur.

An der **Zitadelle** kann man den längeren Ausflug starten (und vielleicht besser Badezeug, Hut und Sonnenschutzmittel mitnehmen). Von hier hat man schon einen faszinierenden Blick auf den Ort, den leuchtenden Kirchturm vor blauem Himmel und auf den azurfarbenen Golf.

Die Zitadelle von Saint-Tropez beherbergt heute das Marinemuseum der Stadt.

Der Weg verläuft nach Osten, verlässt ganz schnell den Ort und führt zwischen Pinien und Eukalyptusbäumen am Meer und an winzigen Buchten entlang.

Plage des Canebiers wäre der Ort für eine Schwimmpause, wenn man Schilf und Boote im Sand hinter sich gelassen hat. Dann geht es aber auf der **Route de l'Estagne** weiter, die bald zum ordentlichen Weg wird und sich danach durch die Gärten am Meer schlängelt. Hinter dem kleinen Hafen vom **Cap Saint-Pierre** sieht man schon bis zur nächsten Ecke, das **Pointe-de-la-Rablou**, und über den ganzen Golf und nach Sainte-Maxime hinüber.

Die Landschaft verändert sich, wird weit und windig, die Schreie der Möwen und Kormorane begleiten – wahrscheinlich einsame – Spaziergänger. Nun folgen unterschiedliche Strände aufeinander. In Höhe des Restaurants muss man die **Plage des Salins** verlassen und dem Weg landeinwärts nach Saint-Tropez folgen – eine sanfte Landschaft mit Gärten, Weinreben, Kiefern.

Während der Wanderung wandeln sich die Strände: Auf kleine Kiesel folgt ganz feiner Sand.

Länge: 14 km; **Dauer:** 3 Std., ohne Badepause (Getränke mitnehmen); **Karte:** → S. 119 ■ E 3

Von Anreisemöglichkeiten über Einkaufstipps und Festkalender bis zu den Zollmodalitäten: Alles Wissenswerte ist hier übersichtlich aufgeführt.

Hier ist belegt, was Landkarten verschweigen: Hyères liegt doch am Meer. Und schließlich soll in der Palmenstadt der Begriff »Côte d'Azur« entstanden sein.

Die Côte d'Azur von A–Z

Anreise

Mit dem Auto

Wer die Autobahn als schnellsten Fahrweg wählt, kann über Freiburg, Mulhouse (oder Saarbrücken), Lyon (A 7), Orange, Aix-en-Provence (A 8) an die französische Riviera fahren. Die Autobahnen sind – von Ortsumfahrungen wie Lyon abgesehen – gebührenpflichtig (**péage**). Wer einmal quer durch Frankreich fährt, muss dafür ca. 50 € veranschlagen. Bei der Autobahneinfahrt erhält man per Knopfdruck ein Ticket. Oft ist die zu zahlende Summe am Ende eines Abschnitts angezeigt, und wer genügend Kleingeld hat, wirft es in einen Trichter, und die Schranke zur Weiterfahrt öffnet sich. Andere stellen sich in die Schlange mit dem Kassierer. Das Schild »Pour tous usagers« signalisiert, dass auch Kreditkarten akzeptiert werden.

Langsamer, aber abwechslungsreich, ist die Anreise über Gap, Sisteron und Grasse, die Route Napoléon (RN 85). Reisende aus Süddeutschland können sich der Côte d'Azur auch über die Alpen nähern (Brenner, Verona, Piacenza, Genua oder über Turin) und kommen über die A 8 nach Nizza, müssen aber für alle Transitländer (Schweiz, Österreich, Italien) Maut bezahlen.

Mit dem Flugzeug

1 Std. und 40 Min. fliegt man von Berlin bis Nizza. Neben Direktflügen von den großen deutschen Flughäfen gibt es zahlreiche Verbindungen über Paris, auch Brüssel. Selbst bei Spartarifen (mindestens 14 Tage vorher buchen und mindestens ein Wochenende bleiben) muss man mit Kosten um 300 € rechnen.

Mit dem Zug

Am bequemsten ist die Fahrt mit dem Autoreisezug, von Mai bis Okt., ab Hamburg und Köln nach Fréjus oder von Hamburg, Hannover, Berlin, Köln, Frankfurt/Main und München nach Avignon. Direkte Zugverbindungen gibt es von Paris.

Auskunft

Im traditionellen Tourismusgebiet an der Küste hat jeder noch so kleine Ort ein eigenes **Office du Tourisme**. In den großen Ferienorten sind diese Büros während der Hochsaison (Juli/Aug.) täglich geöffnet, sonntags meist nur vormittags. Außerhalb der Saison muss man mit Mittagspausen rechnen. Tourismusbüros findet man auch in größeren Orten im Hinterland, in kleinen Dörfern im Rathaus (**Mairie**). In der Vor- und Nachsaison kann man dort aber auch trotz regulärer Öffnungszeit vor verschlossenen Türen stehen. In den Offices du Tourisme bekommt man Stadtpläne, Wander- und Fahrradkarten, oft Eintrittskarten für Veranstaltungen, Museumskarten (→ MERIAN-Tipp S. 35) und eine Fülle von Informationen über touristische Highlights. Für die Reisevorbereitungen wendet man sich am besten an die Fremdenverkehrsämter.

Französische Fremdenverkehrsämter

In Deutschland

– **Maison de la France**
Westendstr. 47, 60325 Frankfurt/Main;
Tel. 01 90/57 00 25, Fax 01 0/ 90 61;
(Servicenummer 1,20 DM/Min.);
Internet: www.maison-de-la-france.com

– **Monaco Informations-Centrum**
Königsallee 27–31 W.Z. Center, 40212 Düsseldorf; Tel. 02 11/3 23 78 43;
Fax 02 11/23 78 46; E-Mail: monaco-duesseldorf@t-online.de

In der Schweiz

– **Maison de la France**
Löwenstr. 59, 8023 Zürich;
Tel. 01/2 11 30 85, Fax 01/2 12 16 44

In Österreich

– **Maison de la France**
Argentinier Str. 41, 1040 Wien;
Tel. 01/5 03 28 90, Fax 01/5 03 28 71

In Frankreich

– für das Département Alpes-Maritimes (östl. des Estérel-Gebirgsmassifs bis zur ital. Grenze):
Comité Régional du Tourisme Riviera – Côte d'Azur
■ c 5, Klappe hinten
55, promenade des Anglais, BP 1602 – 06011 Nice Cedex 1; Tel. 04 93 37 78 78, Fax 04 93 86 01 06; E-Mail: crto6@crt-riviera.fr, Internet: www.crt-riviera.fr

– für das Département Var (von Hyères bis zum Estérel):
Comité Départemental du Tourisme
■ D 1, S. 119
1, bd. Foch, BP 99 – 83003 Draguignan Cedex; Tel. 04 94 50 55 50, Fax 04 94 50 55 65; E-Mail: info@cdtvar.com

– für Monaco
Direction du Tourisme et des Congrès de la Principauté de Monaco nördlich ■ e 1, S. 69
2a, bv. des Moulins, MC-98030 Monaco Cedex; Tel. 3 77 92 16 61 16;
E-Mail: dtc@monaco-congres.com,
Internet: www.monaco-congres.com

Camping

Campingplätze sind wie Hotels mit Sternen klassifiziert. Viele sind wunderschön gelegen, schattig, mit Warmwasserduschen. Aber gerade im Hinterland sind sie mit großen Fahrzeugen oft nur mühsam zu erreichen. Viele vermieten auch einfache Übernachtungsmöglichkeiten. Zunehmend verbreitet ist Camping auf dem Bauernhof (**Camping à la Ferme**). Listen (mehrsprachig, auch deutsch) und ausführliche Informationen zu einzelnen Plätzen verschicken die Fremdenverkehrsämter. Im Département Var haben sich 200 Camping-Fachleute zum HPA (**Syndicat Professionnel de l'Hôtellerie de plein air du Var**) zusammengeschlossen, der einen besonderen Service bietet. Selbst in der Hochsaison ist jeden Morgen die Auslastung von 200 Campingplätzen über Internet abrufbar:
www.provence-campings.com

Diebstahl

Mit den Touristen reisen auch Diebesbanden in den französischen Süden, und die Diebstähle, vor allem aus abgestellten Autos, nicht nur an einsamen Parkplätzen, mehren sich. Es ist daher sinnvoll, nichts sichtbar im Wagen liegen zu lassen, nicht einmal eine Sonnenbrille. Franzosen raten dazu, das leere Handschuhfach offen zu lassen.

Einkaufen

Blumen
Soll es etwas Lebendiges sein? **Constans & Fils** in **Antibes** zeigen ihre Blumen und verkaufen die Pflanzen auch. Man muss sich nicht sorgen, ob die Rosen den Urlaub überstehen, sie werden nach Hause geschickt, 15 Variationen stehen zur Wahl. Gartenmohn und Löwenzahn und den köstlichen Wein de Bellet darf man nach einem Besuch bei **Massa Horticulture** aus **Nizza** entführen.

Bücher
Wer wissen möchte, wie es früher an der schönen Küste ausgesehen hat, wird vielleicht in Antiquariaten fündig. Sie scheinen jedoch sehr ausgesucht. Man findet eher alte Postkarten. Werbeplakate aus der Belle Époque werden nachgedruckt.

Gaumenfreuden
Wer das Feriengefühl kompakt nach Hause tragen will, sollte sich bei den Zuckerwarenfabrikanten umsehen,

im **Maison Auer** in **Nizza**, in der **Confiserie Florian** in **Tourrettes-sur-Loup** oder bei **Maiffret** in **Cannes**. Und wer schon in **Tourrettes** ist, könnte bei der **Ferme des Courmettes** ins Staunen darüber geraten, wie viele Sorten Ziegenkäse es geben kann: nature frais, sec, au Pistou, à la pâte d'olive, ciboulette, poivre ...

Kunsthandwerk
Das Sprudeln der unzähligen Dorfbrunnen ist in den **Gläsern** von **Biot** gefangen. Nur kleine unregelmäßige Luftblasen, als Fehler in der Produktion entstanden und längst zur einheimischen Kunst erhoben. Zu Hause sitzt man davor und träumt sich in die warme Luft des Südens.

Handfester geht es in **Vallauris** bei der **Töpferei Madoura** zu, Picasso hat hier schon gelernt! Dass Keramik anders sein kann als das, was Töpferlehrlinge nach dem Volkshochschulkurs präsentieren, hat man gewusst. Die Galerie beeindruckt dennoch. Glücklicherweise werden Kreditkarten akzeptiert.

Öle
Praktische Menschen, die zudem Schönes lieben, erliegen den Verführungen bei **Alziari** in **Nizza**. Neben Seifen und Tapenaden (Olivenpüree) locken köstliche Öle, »Vierge Extra« natürlich aus der ersten kalten Pressung, und – das ist das Schönste – man kann sie sich in bunt bedruckte Blechdosen, rund oder viereckig, abfüllen lassen. Sogar nur einen halben Liter, wenn kein Platz mehr im Gepäck ist. Aber das wäre schade. Es schmückt die Küche, optisch wie inhaltlich, und Alziari verschickt auch innerhalb Europas.

Parfüm
Wer will, kann sich sein duftendes Mitbringsel auch selber machen, »sur place«, wie man so sagt. Dazu lädt jedenfalls das Parfumhaus **Galimard** in **Grasse** ein. Wie schwer es doch ist, einen leichten Duft zu kreieren! Zum Glück ist eine gelernte »Nase« zur Unterstützung bereit, die eigene Nase schnüffelt schnell verzweifelt.

Sandalen
Irgendwie haben wir gedacht, dass es nichts Originäres mehr gäbe auf der Welt – sogar die Galeries Lafayette gibt es schon zu Hause – und dann **St-Tropez: la Tropézienne**, ein zierliches Sandalettchen, fast nichts dran, aber das Nichts hat seinen Preis (man kennt das Phänomen aus der Zeit, als frau noch Bikini trug). Was die Flaneurin entzückt, ist die Zeitlosigkeit des Bekleidungsstücks aus einfachen Lederriemchen, unbekümmert um Plateausohlen und Ballerinafüßchen, Schlangen- und Zebramuster, geradezu eigensinnig liegt es frech im Dutzend im Schaufenster, und nicht nur dort.

Öffnungszeiten
Es gibt kein Ladenschlussgesetz in Frankreich, aber eine 35-Stunden-Woche. Da der Sonnabend ein normaler Werktag ist, bleibt Montagvormittags fast alles zu. Die Öffnungszeiten variieren ein bisschen, abhängig von Saison und Klima. Man öffnet um 9 oder 10 Uhr und schließt um 19 Uhr, lässt in Touristenorten und in den größeren Städten gelegentlich die Mittagspause (12.30 bis 14.30, 15, 16 Uhr) ausfallen. Zumindest im Juli und August. Die Supermärkte an der Peripherie sind bis 22 Uhr geöffnet. Brot und Lebensmittel kann man auch am Sonntagvormittag kaufen.

Elektrizität

Wenn der Föhn (Wecker, Rasierapparat) nicht funktioniert, liegt es am Stecker. Die Stecker nach Euro-Normen passen, Schukostecker oft nicht, da braucht man einen Adapter.

Feiertage

An Feiertagen sind Museen üblicherweise geschlossen.

1. Januar	Neujahr
Ostermontag	
1. Mai	Tag der Arbeit
8. Mai	Jahrestag der deutschen Kapitulation 1945 in Reims
Christi Himmelfahrt	
Pfingstmontag	
14. Juli	Nationalfeiertag (Sturm auf die Bastille 1789)
15. August	Mariä Himmelfahrt
1. November	Allerheiligen
11. November	Waffenstillstand 1918
25. Dezember	Weihnachten

außerdem in Monaco:

26./27. Januar	Fest der Schutzpatronin des Fürstentums, Ste-Dévote
18./19. November	Monegassischer Nationalfeiertag
8. Dezember	Fest der Unbefleckten Empfängnis

Fernsehen

In günstigeren, vor allem älteren Hotels kann man nicht damit rechnen, dass ein Fernsehgerät zur Standardausrüstung der Zimmer gehört. Ebenso wenig in **chambres d'hôte**.

Feste und Festspiele

Die **Filmfestspiele in Cannes** kennt auch, wer noch nie dort gewesen ist. Und vom **Karneval in Nizza** hat man vielleicht auch schon gehört. Aber das ist nicht alles: Mehr als 3000 kulturelle Veranstaltungen, mehr als hundert Festivals, an die tausend Konzerte unterhalten die Besucher von Januar bis Dezember.

Die Zahl der historischen Feste ist in diesem Landstrich nicht besonders groß, die der religiösen überschaubar. Das mag daran liegen, dass sich die Côte d'Azur schon so lange als Feriengebiet versteht, das seinen Gästen Zerstreuung anbieten will. Was nicht zu der Annahme führen soll, nur Oberflächliches und schöner Schein würden präsentiert. Aber man kann den Interessen der Besucher doch entgegenkommen: Hinter »Kunstsalons« verbergen sich in erster Linie Antiquitätenmessen, Bücherfeste werden in der Vor- und Nachsaison veranstaltet, Kunsthandwerk auch in der Saison ausgestellt. Gärten und Parks locken von März bis September zum Augenschmaus. Nicht nur Wein und Oliven, auch Erdbeeren, Orangenbaum, Honig und Himbeeren, Pilze, Kastanien, Schokolade und sogar Brot werden zur Grundlage gastronomischer Feste. So gibt es etwa das Zitronenfest in Menton (→ S. 108).

Und manch einem ist ohnehin jeder Tag, den er hier verbringen darf, ein Fest.

Januar

Zirkus-Festival

Jedes Jahr Ende Jan. verkürzen Gaukler und Artisten in Monte-Carlo den ohnehin kurzen Winter.

Rallye Automobile

Als »Rallye Monte Carlo« ist der Automobilzirkus international bekannt geworden.

Februar

Mimosenfest

Mit zarten gelben Blüten in Mandelieu-La Napoule wird der Reigen der Blumenfeste an der Côte d'Azur jedes Jahr eröffnet, dann kehrt – zumindest in bunten Kostümen – die Belle Époque zurück.

Zitronenfest
Nein, keine Zitronensäfte und gesunde Rezepte, das Zitronenfest in Menton ist eher ein Augenschmaus. Jedes Jahr steht es unter einem neuen Motto, und mit 200 t Zitrusfrüchten – zu Figuren geformt – wird die Stadt geschmückt, z. B. nach den Fabeln von La Fontaine. Mickey Mouse war auch schon da, wie die Postkarten verraten.

Karneval
Die Tradition des Karnevals von Nizza reicht bis ins Jahr 1294. Die Feste überboten sich während der Belle Époque mit immer mondäner und reicher werdenden Blumencorsi und -schlachten, und auf Ballnächte (**véglione**) setzten sich berühmte und gekrönte Häupter in Szene. An Letzteren mangelt es derzeit. Das Fest gehört dennoch zu den Höhepunkten des Jahres.

März
»Napoleons Rückkehr«
Der Kaiser kommt. Man erkennt ihn nicht nur am berühmten Dreispitz. Jeden 1. So im März landet er in Vallauris Golfe-Juan zu einem Fest (mit dem nicht gerade leicht zu merkenden Namen **Reconstitution Historique du Débarquement de Napoléon à Golfe-Juan ...**) Sein Schiff liegt schon am Strand, seine Soldaten – und die Bevölkerung – sind eingetroffen. Er kommt von Elba (1815) und wird den (längst historischen wie mystischen) Weg nach Grenoble nehmen. Eigentlich begründet er mit dem Fest jedes Jahr die sagenhafte Route Napoléon neu: In die Umgebung von Grasse geht es, dann auf der N 85 über die Alpen bis Digne und Grenoble. Unterwegs sind übrigens die wichtigsten Etappen auf Informationsstationen dargestellt.

Ostern
Karfreitagsprozessionen
Büßermönche, Vereinigungen von Laien, gibt es seit dem 13. Jh. Man trifft auf eigene Kapellen der verschiedenen **pénitents**, viele davon sind Meisterwerke der Kunst, und neben sozialen Aufgaben (Krankenpflege, Sterbebegleitung, Waisen-Hilfe) tragen die Büßerorden mit prachtvollen Prozessionen zu religiösen Festen bei.
In Nizza, Sospel, St-Etienne-de-Tinée, Tende, La Brigue.

Mai
Rosenfest
Züchter aus aller Welt kommen in die Parfümstadt Grasse, in der ein Volksfest zu Ehren der Königin der Blumen (und des Parfüms) gefeiert wird.

Juni
Bravade et Fête des Espagnoles
Es war 1637, als vor St-Tropez 22 spanische Galeeren versenkt werden konnten, die 30 Jahre lang die Stadt belagert hatten. Das Volksfest aus diesem Anlass wird Jahr für Jahr am 15. Juni wiederholt.
Saint-Tropez

Festins des Limaces
Prozession verschiedener Büßerorden in Èze.

Juli
Les Baroquiales
Jedes Jahr Anfang Juli lädt das Barockfestival dazu ein, den Geist der Zeit in Dörfern und Tälern von Roya und Bévéra kennen zu lernen. Das Programm umfasst Ballett-, Gesangs-, Opern-, Konzert- und Theaterveranstaltungen (Tel. 04 93 79 61 35).

Jazz
In den 20er Jahren trafen sich an der Küste die bedeutendsten Jazzmusiker. »Dans les rues d'Antibes« machte Sidney Bechet berühmt,

der hier geheiratet hat. Eine Bronzebüste in Juan-les-Pins erinnert an ihn. 1960 ist ihm zu Ehren das Internationale Jazz Festival von Juan-les-Pins begründet worden, und so kamen schon Armstrong und Hampton, Ray Charles und Ella Fitzgerald. Noch immer lockt im Juli »Jazz à Juan«. Die letzten Töne sind noch nicht verklungen, wenn dann in Nizza das Jazz-Festival beginnt.

August
Fête de la Poterie
In Vallauris, dort, wo Picasso erst den Umgang mit dem Stoff gelernt hat, aus dem in aller Welt Keramik hergestellt wird, zeigen Töpfer nicht nur Kunstwerke, sondern auch Gebrauchswaren.

September/Oktober
Nioularge
Der Name bezeichnet ein renommiertes Seglertreffen in St-Tropez, ist provenzalisch und würde auf Französisch »nid du large« heißen wie die Boje vor dem Strand von Pampelonne. Die schönsten und teuersten Schiffe – um die 250 – präsentieren sich im Herbstwind. Ganz unprosaisch geht es bei dem Treffen um den »St-Tropez Cup«.

FKK

»Naturiste« heißt, dass im angrenzenden Gebiet natürlich, also ohne Bekleidung gebadet wird. Auf der Île du Levant vor Hyères ist schon 1932 die FKK-Kolonie Héliopolis gegründet worden.

Geld

Seit dem 1. Januar 1999 sind die Umrechnungskurse zwischen den Währungen der Mitgliedsstaaten der Europäischen Währungsunion und dem Euro festgelegt. Preise sind in diesem Reiseführer durchgängig in Euro angegeben. Zur Erinnerung: 1 € = 1,95583 DM = 6,55957 FF = (Stand April 2001) 1,53 sFr.

Am 1. Januar 2002 werden die Euro-Banknoten und -Münzen in Umlauf gebracht. Frühestens zu diesem Termin werden Sie also um die lästigen Wechselmodalitäten herumkommen. Spätestens am 1. Juli 2002 verlieren dann die einzelstaatlichen Währungen – also auch der französische Franc – ihre Gültigkeit als gesetzliche Zahlungsmittel.

Französische Francs (FF) sind in 100 Centimes (c) unterteilt. Es gibt Münzen zu 5, 10 und 20 c und zu 1/2, 1, 2, 5, 10 und 20 FF sowie Scheine im Wert von 20, 50, 100, 200 und 500 FF.

Aus Geldautomaten (**distributeurs automatique**) ist die Versorgung rund um die Uhr möglich, man kann bis zu 1400 FF abheben.

Kreditkarten (CB – **carte bancaire, carte de crédit**) sind durchaus gebräuchlich und werden nur bei kleinen Familienbetrieben nicht akzeptiert. Sonst gilt die Ablehnung als Marotte. Euroschecks werden in

Nebenkosten in Euro

1 Tasse Kaffee	2,00
1 Bier	3,50
1 Cola/Limo	1,60–2,00
1 Brot (ca. 500g)	ca. 1,30
1 Schachtel Zigaretten	2,60
1 Liter Super-Benzin	1,00
Fahrt mit öffentl. Verkehrsmitteln (Einzelfahrt)	1,50
Mietwagen/Tag (inkl. Steuer und Versicherung)	ab ca. 50,00

Frankreich nicht mehr angenommen. Vom Postsparbuch kann man dort, wo es ein Postbanklogo bzw. Visa-Plus-Zeichen gibt, mit der »SparCard 3000« gebührenfrei Geld abheben.

Jugendherbergen

Die Zahl der Jugendherbergen ist an der Côte d'Azur nicht sehr groß, und ohne Voranmeldung ist im Sommer schwer ein Platz zu bekommen. Und selbst wer einen hat, darf dann nur drei Tage in einem Haus bleiben. Verzeichnisse gibt es, bei Angabe der gewünschten Region, bei der

Fédération Unie des Auberges de Jeunesse
27, rue Pajol, 75018 Paris; Tel. 01 44 89 87 27, Fax 01 44 89 87 10

Landkarten

Wer sich nicht nur auf größeren Straßen bewegen will, sollte neben den Karten dieses Reiseführers Karten in anderen Maßstäben benutzen: Für Wanderer gibt die **Fédération Française de Randonnée Pédestre** spezielle Karten für die unterschiedlichen Wandergebiete heraus. Sie werden durch Informationshefte ergänzt. Das **Institut Géographique National** (IGN) veröffentlicht Rad-, Wander- (1 : 25 000) und Themenkarten (zu Sportarten wie Golfen, Kajafahren usw.). Sie sind in Frankreich in Buchhandlungen, den Maisons de la Presse und gelegentlich an Zeitungskiosken erhältlich.

Medizinische Versorgung

Zwischen Deutschland wie Österreich und Frankreich besteht ein Versicherungsabkommen, das ärztliche Hilfe im Notfall garantiert. Mit dem **Auslandskrankenschein** der Krankenkasse (E 111, in Österreich SE 100-07) bekommt man bei der **Caisse Primaire d'Assurance Maladie** einen Behandlungsschein für den Arzt. Der Arztbesuch muss gleich bezahlt werden, und auf der Rechnung muss die Diagnose leserlich vermerkt sein. Die Rechnung reicht man dann bei der heimischen Krankenkasse ein. Apotheken (**pharmacie**) erkennt man am grünen Kreuz, Nacht- und Wochenendienste sind im Schaufenster oder an der Tür angegeben. Viele Medikamente sind rezeptfrei, manche auch günstiger als zu Hause. Sonnenschutz- und Mückenschutzmittel sowie Kosmetik und Kondome (**préservatif**) bekommt man auch in Apotheken.

Notruf

- Allgemeiner Notruf Tel. 112 (vermittelt Hilfe je nach Bedarf)
- Ärztliche Hilfe, Krankenwagen (SAMU) Tel. 15
- Polizei Tel. 17
- Feuerwehr Tel. 18
- Auf Autobahnen und an manchen Nationalstraßen kann Pannenhilfe an Notrufsäulen angefordert werden.
- Rund um die Uhr ist die Pannenhilfe AIT Assistance (gebührenfrei) erreichbar: Tel. 05 08 92 22
- Deutschsprachiger Notruf des ADAC in Frankreich rund um die Uhr: Tel. 72 17 12 22 (ohne Vorwahl) rund um die Uhr erreichbar.
- ACE (Europäischer Automobilclub) Tel. 00 49/18 02/34 35 36

Post

Die Postämter (**bureaux de poste**) haben wie die Geschäfte in den meisten Orten unterschiedliche Öffnungszeiten. Briefmarken (**timbre-poste**, für Postkarten und Briefe innerhalb Europas 3 FF – 0,46 €) und Telefonkarten (**télecarte**) bekommt man auch im Tabakladen (**tabac** – erkennbar an der roten Zigarre neben der Tür), manchmal im Schreibwaren-

oder Andenkenladen. Monaco hat eigene Briefmarken, die Tarife sind identisch.

Radfahren

An vielen französischen Bahnhöfen (Antibes, Cannes, Hyères, St-Raphaël) kann man Fahrräder mieten, die auch an anderen Stationen abgegeben werden können.

Rauchen

Seit Verabschiedung eines Nichtrauchergesetzes 1992, das das Rauchen überall dort in der Öffentlichkeit verbietet, wo es nicht ausdrücklich erlaubt ist, wird es restriktiv gehandhabt. Die Raucherzonen haben mittlerweile rasant zugenommen, auf Flughäfen wie auf Bahnhöfen und in Restaurants. Französische Inlandsflüge sind ausnahmslos Nichtraucherflüge.

Reisedokumente

Personalausweis oder Reisepass müssen noch drei Monate gültig, Kinder, die keinen eigenen Ausweis haben, im elterlichen Pass eingetragen sein. Autofahrern wird die »Grüne Versicherungskarte« empfohlen. Das Auto muss ein Nationalitätskennzeichen tragen.

Reisewetter

Die Sommer an der Côte d'Azur sind nicht so heiß und die Winter nicht so kalt wie im Inland. Im Schutz der Seealpen ist das Klima meist angenehm. Aber die Zeiten ändern sich, und auch in Hyères sind schon Palmen erfroren. Der eiskalte Mistral weht bis nach St-Tropez und gelegentlich ein Stückchen weiter. Ab Okt. muss man mit zunehmenden Regenfällen rechnen.

Die genauen Klimadaten von Nizza

	Januar	Februar	März	April	Mai	Juni	Juli	August	September	Oktober	November	Dezember
Durchschnittl. Temp. in °C Tag	12,5	13,3	14,8	17,1	20,4	23,9	26,5	26,6	24,8	20,7	16,5	13,2
Durchschnittl. Temp. in °C Nacht	4,2	4,6	6,7	9,0	12,5	16,0	18,2	18,0	16,3	12,0	8,0	5,0
Sonnenstunden pro Tag	5,1	5,8	6,3	8,0	9,2	10,4	11,9	10,6	8,8	6,7	4,9	4,5
Regentage	9	7	8	9	8	5	2	4	7	9	9	9
Wassertemp. in °C	13	12	13	14	16	20	22	23	21	19	16	14

Quelle: Deutscher Wetterdienst, Offenbach

Telefonieren

Ohne **télécarte** (für 50 und 120 Einheiten) geht fast nichts mehr. Man bekommt sie in der Post, im Tabak-, Schreibwaren- und Andenkenladen, eigentlich fast überall.

Alle Telefonnummern sind zehnstellig. Günstige Tarifzeiten sind Mo–Fr von 19–8 Uhr, Sa ab 12 bis Mo 8 Uhr. Das Handy heißt **portatif** oder **portable**, wird auch gern genutzt und ist nicht auf bestimmte Netze begrenzt.

Vorwahlen:
D, A, CH → F: 00 33
D → Monaco: 0 03 77
F → D: 00 49
F → A: 00 43
F → CH: 00 41

Trinkgeld

Trinkgeld gibt man in der gleichen Größenordnung wie zu Hause. Allerdings ist es üblich, es nach dem Bezahlen liegen zu lassen.

Verkehrsverbindungen

Öffentliche Verkehrsmittel
Metrazur heißt der Nahverkehrszug, der bis zu 70-mal am Tag zwischen Cannes und Ventimiglia (»Vintimille« in Frankreich, auch »XXmiglia« in Italien) pendelt. Der **Train de Pigne** zwischen Nizza und Digne erinnert, besonders dann, wenn Dampfloks die Züge durch die Berge ziehen, an eine gemächlichere Zeit.

Neben den Bahnhöfen (Gares SNCF) lohnen auch die Busbahnhöfe (Gares Routière) einen Besuch, von denen man Touren ins Landesinnere unternehmen kann. Tourismusbüros geben Auskünfte über geführte Wanderungen, Ausflugsfahrten und Bootsfahrten.

Zu den öffentlichen Verkehrsmitteln an der Küste gehört auch der »Heli«. Hubschrauber von **Héli-Transport** bringen Reisende vom Flughafen Nizza nach Monaco, Cannes und Sophia Antipolis bei Antibes. **Héli Air Monaco** unternimmt Charterflüge und fliegt Reisende nach Mo-

Entfernungen (in km) **zwischen wichtigen Orten**

	Antibes	Brignoles	Cannes	Draguignan	Fréjus	Grasse	Hyères	Menton	Monaco	Nizza	St-Tropez
Antibes	–	108	11	72	48	13	125	46	31	15	82
Brignoles	108	–	96	50	65	106	50	150	140	125	83
Cannes	11	96	–	65	37	13	114	57	42	26	73
Draguignan	72	50	65	–	30	56	80	108	99	83	48
Fréjus	48	65	37	30	–	42	75	93	84	68	35
Grasse	13	106	13	56	42	–	117	58	43	27	84
Hyères	125	50	114	80	75	117	–	171	155	140	51
Menton	46	150	57	108	93	58	171	–	9	31	130
Monaco	31	140	42	99	84	46	155	9	–	16	116
Nizza	15	125	26	83	68	27	140	31	16	–	100
St-Tropez	82	83	73	48	35	84	51	130	116	100	–

naco, St-Tropez und Cannes (Héliport Monaco, Tel. 0 03 77/05 00 50).

Mit dem Auto

Von der viel beschworenen Unabhängigkeit mit dem eigenen Wagen kann zumindest in der Saison keine Rede sein. Zuweilen wird man sich von Cannes bis Menton wie auf einem langen Parkplatz fühlen. Zwar führen drei Straßen, untere, mittlere und obere Corniche, die Riviera entlang – wobei die mittlere am wenigsten befahren ist –, aber St-Tropez z. B. hat nur eine Zufahrtsstraße, die im Sommer außerhalb der Mittagszeit und bis zum Abendessen unabänderlich verstopft ist. Mit den Touristen reisen auch die Diebe an, die verlassene Autos bei Sehenswürdigkeiten im Blick haben.

Aber es gibt reichlich Parkhäuser, zu ähnlichen Gebühren wie zu Hause. Parkscheinautomaten sind weit verbreitet. In der **zone bleue** (am Straßenrand markiert) darf man mit der Parkscheibe stehen, ein gelber Streifen am Straßenrand bedeutet absolutes Halteverbot. Wo auf Marktplätzen geparkt werden darf, ist auf das Parkverbot an Markttagen zu achten.

Wer mit dem Auto ins Landesinnere fährt, wird immer wieder auf schmale kurvenreiche Strecken treffen und auf Autobusse. Wer deren Hupe hört, tut gut daran, einen Halteplatz zu suchen.

Auf französischen Autobahnen darf man bis 130 km/h fahren (bei Nässe 110 km/h), auf Schnellstraßen (zwei Spuren in einer Richtung) 110 km/h (bei Nässe 100), auf National- und Départementsstraßen 90 km/h (bei Nässe 80) und in Ortschaften 50 km/h. Anschnallpflicht besteht auch auf den Rücksitzen. Die Promillegrenze liegt bei 0,5.

Wer nicht mit dem eigenen Auto anreisen will, nutzt vielleicht die **Fly-and-drive-Angebote**, bei denen man am Flughafen einen Mietwagen übernimmt. Auch die französische Eisenbahn SNCF bietet solche Kombinationen ab Zielbahnhof an. Alle großen Leihwagenfirmen sind in den größeren Städten und Badeorten vertreten und bieten Wochen- oder Wochenendarrangemants zu ähnlichen Preisen. Sie liegen, je nach Saison, um 350 € pro Woche.

Mit dem Fahrrad

Das Fahrrad ist an der Küste ganz offensichtlich kein weit verbreitetes Fortbewegungsmittel, man sieht auch keine Fahrräder. Aber in den Ferien und an Wochenenden sind selbst Einheimische auf »Tour de France«. An Bahnhöfen und in Badeorten werden Räder aller Art verliehen (Mountainbike = **VTT, vélo tout terrain**). Die Preise liegen bei 100 FF pro Tag. Gruppen (Familien) sollten über den Tarif verhandeln.

Mit dem Boot

Bootsfahrten zwischen den Küstenorten und zu den Inseln im Mittelmeer werden überall dort angeboten, wo es einen Hafen gibt. Da das Mittelmeer aber auch ein beliebtes Segelrevier ist, verfügen die meisten Ferienorte über gut ausgestattete Häfen und zahlreiche Liegeplätze. Der wichtigste ist **La Napoule** mit 2400 Liegeplätzen

Zoll

Mengenmäßige Ein- und Ausfuhrbeschränkungen gibt es innerhalb der EU nicht mehr. Es muss jedoch von der Menge her erkennbar sein, dass die Waren ausschließlich für den privaten Gebrauch bestimmt sind. Für Schweizer gilt weiterhin: 200 Zigaretten, 100 Zigarillos, 50 Zigarren oder 250 g Tabak, 1 l Spirituosen, 2 l Likör, 2 l Wein, 50 g Parfüm.

Gefälschte Luxusgüter kann der Zoll ersatzlos beschlagnahmen.

900 000 v. Chr.
Bei Roquebrune-Cap-Martin hinterlassen Siedler Objekte aus Knochen und Kieseln.

380 000 v. Chr
In der Gegend von Nizza leben Jäger und Sammler. Funde von Terra Amata bezeugen Feuerstellen und eine Wohnanlage.

4000–3000 v. Chr.
Steinzeitmenschen hinterlassen Keramikgefäße

1800–800 v. Chr.
Ligurer bevölkern das Land.

600–100 v. Chr.
Griechische Kolonisten gründen Monaco, Nizza und Antibes.

50 v. Chr.
Julius Cäsar erobert Massalia (Marseille), das gegen ihn für Pompejus Partei ergriffen hat. Römische Veteranen werden in Fréjus (Arles, Avignon und Orange) angesiedelt.

6 v.. Chr.
Augustus unterwirft die Alpenstämme. Als Siegeszeichen wird in La Turbie die Trophée des Alpes gebaut.

410 n. Chr.
Der hl. Honoratus aus Trier gründet auf der (später nach ihm benannten) Ile St-Honorat eins der ersten Klöster des Abendlandes.

523
Theoderich gliedert die Provence dem Westgotenreich ein.

536
Burgund und die Provence werden Teile Frankreichs.

843
Das Karolingerreich wird im Vertrag von Verdun geteilt. Karl II. erhält das spätere Frankreich, Lothar fällt das Mittelreich (Lotharingien) mit der Provence zu.

863
Ludwig II. wird König der Provence

10. Jh.
Einfälle der Sarazenen.

972
Guillaume d'Arles besiegt die Sarazenen und nennt sich Graf der Provence. Die Herrscher wechseln in rasanter Geschwindigkeit.

1308
Die genuesische Familie Grimaldi kauft den Besitz Monaco.

1388
Die Grafschaft Nizza entschließt sich zum Anschluss an Savoyen.

1486
Die Provence wird Frankreich angeschlossen.

1629
Eine große Pestepidemie herrscht an der Küste.

1789
Beginn der Französischen Revolution.

1793
Toulon wird unter Bonaparte von den Republikanern erobert, Nizza kommt zu Frankreich.

1814
Napoleon dankt ab und begibt sich von St-Raphaël aus nach Elba.

1815
Am 1. März kehrt Napoleon aus seinem Exil zurück und landet in Golfe-Juan. Über die spätere Route Napoléon erreicht er am 20. März Paris und beginnt die »Herrschaft der Hundert Tage.«

1834
Lord Brougham gerät zufällig nach Cannes und findet Gefallen an dem Ort.

1860
Per Volksentscheid gehört Nizza mit den Seealpen endgültig zu Frankreich. Die Küste wird zum Winterkurgebiet.

1861
Der Fürst von Monaco verkauft Menton und Roquebrune an Frankreich.

1866
Monte-Carlo wird gegründet.

1870/1871
Deutsch-französischer Krieg.

1878
Das Spielcasino in Monte-Carlo wird eröffnet.

1887
Ein Roman von Stéphane Liégeard gibt der französischen Riviera ihren künftigen Namen: Côte d'Azur.

1919
Renoir stirbt. Er hatte sich zwölf Jahre zuvor in Haut-de-Cagnes niedergelassen. Picasso verbringt den ersten Sommer an der Côte d'Azur.

1933
Deutsche Emigranten lassen sich vorübergehend an der südfranzösischen Küste nieder, Heinrich und Thomas Mann, Bert Brecht, Lion Feuchtwanger.

1942
Die Deutschen besetzen die strategisch wichtige Côte d'Azur.

1944
Die Alliierten landen bei Toulon und befreien das nationalsozialistisch besetzte Frankreich.

1946
Picasso arbeitet im Grimaldi-Schloss in Antibes, in Cannes finden die ersten Filmfestspiele statt.

1947
Italien muss das Gebiet am Col de Tende an Frankreich abtreten.

1956
Fürst Rainier von Monaco und Hollywoodstar Grace Kelly heiraten.

1962
Der Flughafen Nice-Côte d'Azur wird eröffnet.

1965
Die Universität von Nizza wird gegründet.

1972
Die Départements Bouches-du-Rhône, Vaucluse, Hautes-Alpes, Alpes-Maritimes und Alpes-de-Haute-Provence werden zur Region Provence-Alpes-Côte d'Azur zusammengefasst.

1973
Picasso, der seit 1955 ständig an der Côte d'Azur lebt, stirbt in Mougins und wird in Vauvenargues begraben.

1980
La Provençale, die A 8, schließt die Region an das französische und italienische Autobahnnetz an.

1990
In Nizza wird das Musée d'Art Moderne et Contemporain eingeweiht.

2000
Die Touristensaison übertrifft alle Rekorde. Bis zum Sommer wurden 72 Millionen Übernachtungen gezählt.

2001
Monaco baut den größten Freizeithafen der Mittelmeerküste.

Aussprache

~	über einem Vokal bedeutet, daß er nasal ausgesprochen wird:
ã	wie z.B. in chance
ä	wie in terrain
õ	wie in Bonbon

Wichtige Wörter und Ausdrücke

Ja	*oui [ui]*
Nein	*non [nõ]*
Bitte	*s'il vous plaît [sil wu plä]*
Danke	*merci [mersi]*
Und	*et [e]*
Wie bitte?	*comment? [komã]*
Ich verstehe nicht	*je ne comprends pas [schön kõmprã pa]*
Entschuldigung	*pardon/excusez-moi [pardõ/exküseh-moa]*
Guten Morgen/Tag	*bonjour [bõschur]*
Guten Abend	*bonsoir [bõsuar]*
Hallo	*salut [salü]*
Ich heiße	*je m'appelle [schö mapäl]*
Ich komme aus	*je suis de [schö süi dö]*
Wie geht es Ihnen/Dir?	*comment allez-vous/vas-tu [kommã alleh-vu/va-tü]*
Danke, gut	*bien, merci [bjä mersi]*
Wer, was, welcher	*qui, que, lequel [ki, kö, lökel]*
Wie viel	*combien [kombiä]*
Wo ist	*où-est [u-ä]*
Wann	*quand [kõ]*
Wie lange	*combien de temps [kõbiäd tã]*
Sprechen Sie Deutsch?	*parlez-vous allemand [parle-vu almã]*
Auf Wiedersehen	*au revoir [oh rövuar]*
heute	*aujourd'hui [oschurdüi]*
morgen	*demain [dömã]*
gestern	*hier [jär]*

Zahlen

eins	*un [ä], une [ün]*
zwei	*deux [döh]*
drei	*trois [troa]*
vier	*quatre [katr]*
fünf	*cinq [sãk]*
sechs	*six [sis]*
sieben	*sept [set]*
acht	*huit [üit]*
neun	*neuf [nöf]*
zehn	*dix [dis]*
hundert	*cent [sã]*

Mit und ohne Auto unterwegs

Wie weit ist es	*combien de kilomètre y a-t-il [kombiä dö kilomätr i jatil]*
es ist weit	*c'est loin [sä luã]*
Wo ist	*où se trouve [us truv]*
– die nächste Werkstatt	*la garage la plus proche [la garasch la plü prosch]*
– der Bahnhof/Busbahnhof	*la gare (routière) [la gar/gar rutjär]*
– U-Bahn-Haltestelle/Bus-Station	*l'arrêt du métro [larrä dü metroh]/l'arrêt d'autobus [larrä dotobüs]*
– der Flughafen	*l'aéroport [laehropor]*
– eine Bank	*une banque [ün bãk]*
– ein Geldautomat	*un distributeur automatique [distribütör automatiik]*
– eine Tankstelle	*une station-service [ün stasjõ servis]*
Ich suche einen Arzt/eine Apotheke	*je cherche un médecin/une pharmacie [schö schersch ä mehdsä/ün farmasi]*
Bitte volltanken!	*le plein, s'il vous plaît [lö plä sil vu plä]*
Normalbenzin	*l'essence [lesãs]*
Diesel	*gas-oil [gasual]*

nach rechts/links	*à droite/gauche [a druat/gohsch]*
geradeaus	*tout droit [tu drua]*
Ich möchte ein Auto/Fahrrad mieten	*je voudrais louer une voiture/bicyclette [jö vudrä lueh ün voatür/bisiclät]*
Es ist ein Unfall passiert	*il y a un accident [il ja än aksidã]*
Eine einfache Fahrt 1./2. Klasse nach...	*un aller premiére/deuxième classe pour... [än aleh döhsjäm/prömjär klas pur]*
Ich möchte ... DM in Franc wechseln	*je voudrais changer ... marks en francs [schö wudrä schãscheh ... mark en frã]*

Hotel

Ich suche ein Hotel	*je cherche un hôtel [schö schersch ä ohtäl]*
Haben Sie noch Zimmer frei?	*Avez-vous encore des chambres libres? [aveh-vu ãkor deh schãbrö libr]*
– für eine Nacht	*pour une nuit*
– für eine Woche	*pour une semaine [pur ün sömän]*
Ich habe ein Zimmer reserviert	*j'ai réservé une chambre [schä reserveh ün schãbrö]*
Wie viel kostet das Zimmer?	*combien coûte la chambre? [kombiä kut la schãbrö]*
– mit Frühstück	*avec petit déjeuner compris [awek pti dehschöheh kõpris]*
Kann ich das Zimmer sehen?	*est-ce que je peux voir la chambre? [äs kö schö pöh vuar la schãbr]*
Ich nehme das Zimmer	*je prends la chambre [schö prã la schãbr]*

Restaurant

Die Speisekarte bitte	*la carte, s'il vous plaît [la kart sil vu plä]*
Die Rechnung bitte	*l'addition, s'il vous plaît [ladisjõ sil vu plä]*
ich nehme...	*je prends... [schö prã]*
Wo finde ich die Toiletten (Damen/Herren)	*où sont les toilettes (dames/hommes) [u sõ leh toalät (dam/om)]*
Kellner	*monsieur [misjöh]*
Frühstück	*petit déjeuner [pti dehschöneh]*
Mittagessen	*déjeuner [dehschöneh]*

Einkaufen

Wo finde ich ...?	*où est-ce qu'on peut acheter [u äs kõ pöht aschteh]*
Haben Sie?	*vous avez? [vus aweh]*
Wie viel kostet das?	*combien ça coûte [kõbiä sa kut]*
Das ist zu teuer	*c'est trop cher [sä tro schär]*
100 g/ein Kilo	*cent grammes/un kilo de [doneh moa sã gram/ä kiloh dö]*
Markt	*marché [marscheh]*
Metzgerei	*boucherie [buschri]*
Haushaltswaren	*articles ménagers [artikl mehnascheh]*
Lebensmittelgeschäft	*épicerie [ehpisri]*
Briefmarken für einen Brief/eine Postkarte nach Deutschland/Österreich/in die Schweiz	*des timbres pour une lettre/carte postale pour l'Allemagne/l'Autriche/Suisse [deh täbr pur ün lettr/ün kart postal pur lalman/lotrisch/la süis]*

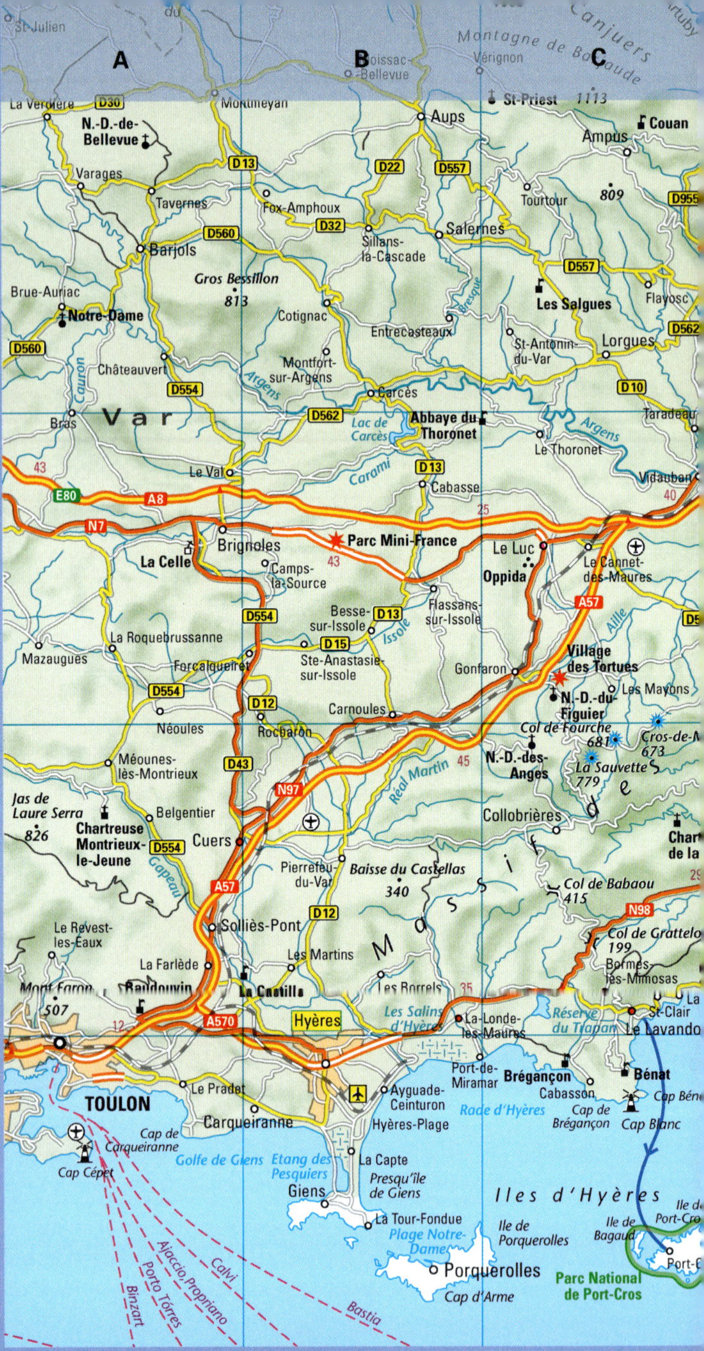

A
B
C
1
2
3
4
St-Julien
Montagne de Bargaude
Canjuers
Boissac-Bellevue
Vérignon
St-Priest
1113
La Verdière
D30
Montmeyan
Aups
Couan
N.-D.-de-Bellevue
Ampus
D13
D22
D557
Varages
Tavernes
Fox-Amphoux
Tourtour
809
D955
D32
Salernes
D560
Sillans-la-Cascade
Barjols
D557
Gros Bessillon
813
Les Salgues
Flayosc
Brue-Auriac
Cotignac
Notre-Dame
Entrecasteaux
D562
St-Antonin-du-Var
Lorgues
D560
Montfort-sur-Argens
Châteauvert
Cauron
Argens
D554
Carcès
D10
Bras
Var
D562
Lac de Carcès
Abbaye du Thoronet
Taradeau
Argens
Le Thoronet
43
Carami
Le Val
D13
Cabasse
Vidauban
E80
A8
25
40
N7
Brignoles
Parc Mini-France
Le Luc
La Celle
Camps-la-Source
43
Oppida
Le Cannet-des-Maures
A57
Besse-sur-Issole
D13
Flassans-sur-Issole
D554
Issole
Aille
La Roquebrussanne
D15
Village des Tortues
Mazaugues
Ste-Anastasie-sur-Issole
Gonfaron
Forcalqueiret
Les Mayons
D554
D12
N.-D.-du-Figuier
Carnoules
Col de Fourche
Néoules
Rocbaron
681
Cros-de-M
673
Méounes-lès-Montrieux
N.-D.-des-Anges
45
La Sauvette
779
D43
Real Martin
Jas de Laure Serra
826
N97
Chartreuse Montrieux-le-Jeune
Belgentier
Collobrières
Cuers
D554
Chart de la
Capeau
Pierrefeu-du-Var
Baisse du Castellas
340
A57
Col de Babaou
415
29
Le Revest-les-Eaux
Solliès-Pont
D12
N98
Col de Grattelo
199
La Farlède
Les Martins
Bormes-les-Mimosas
Massif
Mont Faron
507
Baudouvin
La Castille
Les Borrels
35
12
A570
Hyères
Les Salins d'Hyères
La Londe-les-Maures
Réserve du Trapan
St-Clair
Le Lavandou
La
TOULON
Le Pradet
Port-de-Miramar
Brégançon
Bénat
Ayguade-Ceinturon
Cabasson
Cap Béné
Carqueiranne
Hyères-Plage
Rade d'Hyères
Cap de Brégançon
Cap Blanc
Cap de Carqueiranne
Golfe de Giens
Etang des Pesquiers
La Capte
Cap Cépet
Presqu'île de Giens
Giens
Iles d'Hyères
Ile de Port-Cros
La Tour-Fondue
Ile de Porquerolles
Ile de Bagaud
Plage Notre-Dame
Port-C
Porquerolles
Parc National de Port-Cros
Cap d'Arme
Ajaccio, Propriano
Calvi
Porto Torres
Bizart
Bastia

© MERIAN-Kartographie
Tel. 089.450007.272

A B C

Isola 2
5
6
7
8
Le Grand Coyer
2693
Lance
Mont St-Honorat
2517
Col de la Colle St.Michel
1431
Tête de Travers
2159
Grotte du Chat
Alpes-de-
Hte.-Provence
Alpes-
Mari
Péone
D2202
Guillaumes
Valberg
Beuil
Roubion
Gorges de Daluis
Gorges Supérieures de Cians
Dôme de Barrot
2137
Daluis
Sausses
Léouve
Tête de Samos
1562
St-Léger
Auvare
Rigaud
Pierlas
Ilonse
Lieuche
Thiéry
Bairols
Le Fugeret
Braux
Annot
Train de Pignes
Verdon
André-Alpes
N202
Citadelle
Entrevaux
Puget-Théniers
Var
Touët-sur-Var
Villars-sur-V
40
32
Col de Toutes Aures
1124
Ubraye
Sommet de la Bernarde
1941
Lac de Castillon
La Penne
St-Antonin
Toudon
Amirat
Roquesteron
Gars
Aiglun
Estéron
Les
Col de St-Barnabé
1367
St-Auban
Montagne de Charamel
Cascade de Vegay
Le Mas
Montagne du Cheiron
Cime du Cheiron
1777
19
Eoulx
Valderoure
Thorenc
Gréolières
Coursegoules
D2
Séranon
Caille
Andon
Loup
Cipières
D3
Col de Vence
970
Montagne de l'Audibergue
Col de Valferrière
1169
N85
Caussols
Courmes
Tourrettes-sur-Loup
Gourdon
Gorges du Loup
Pont-du-Loup
D2210
44
Pas de la Faye
Bargème
D21
La Roque-Esclapon
Le Bar-sur-Loup
Le Rouret
Grottes de Baume Obscure
St-Vallier-de-Thiey
Mons
Opio
Villeneuve-Lou
Grottes de St-Cézaire
Cabris
Grasse
N.-D.-du-Brusc
26
Var
D563
951
Col du
Oeillons
St-Cézaire-sur-Siagne
D562
Siagne
Valbonne
Biot
Fayence
Callian
Le Tignet
N.-D.-de-Valcluse
Mouans-Sartoux
A8
N.-D.-de-Cyprès
Tourrettes
Montauroux
Mougins
18
Auribeau
Vallauris
Pégomas
Tanneron
Le Cannet
D562
Lac de St-Cassien
Massif du Tanneron
Golfe-Juan
Cascade de Pennafort
St-Paul-en-Forêt
Mandelieu-la-Napoule
Cannes
Reyran
37
Ile Ste-Mar
Bagnols-en-Forêt
A8
E80
La Napoule
Endre
35
Ile St-Ho
Mont Vinaigre
618
Théoule-sur-Mer
Iles de Lér
Le Trayas
Miramar
N.-D.-de-Jérusalem
496
Pic de l'Ours
Massif de l'Estérel
Pic du Cap Roux 452
Le Muy
A8
31
N.-D.-de-la-Roquette
N.-D.-de-Pitié
D7
Agay
Cap du Dramont
Estérel
98

A B C

119

D
E
F
Le Boréon
Cime du Gélas 3143
Madone de Fenestre
Cascade de l'Estrech
Mont Bégo 2872
Vallée des Merveilles
Tende
N204
N.-D.-des-Fontaines
La Brigue
St-Dalmas-de-Tende
St-Martin-Vésubie
St-Dalmas
D2565
Cascade du Ray
Cime du Diable 2685
Cime de Marte 2136
Cima de Coss 1677
Roya
Mont Tournairet 2085
Belvédère
Roquebillière
L'Authion 1889
Parc Nat. du Mercantour
Saorge
Gorges de Saorge
Lantosque
Col de Turini 1607
Clans
Vésubie
Bévéra
Moulinet 1582
Col de Brouis 879
Breil-sur-Roya
Pigna
2205
La Tour
Pierre Plate 1481
Peïra-Cava
ITALIA
Madone d'Utelle
Utelle
St-Jean-la-Rivière
N202
Piene
Rocchetta Nervina
D2566
Duranus
Gorges de la Vésubie
Lucéram
Sospel
E74
Isolabona
Mt. Férion 1413
Col de Braus 1002
Dolceacqua
Levens
Coaraze
Collabassa
Nervia
Berre-des-Alpes
L'Escarène
Castillon
Villatella
20
Camporosso
Contes
Mont Cima 879
Pic de Baudon 1264
Ste-Agnès
A10
Castagniers
D2204
Peille
E80
Ventimiglia
Bordighera
Carros
Var
Aspremont
Tourrette-Levens
Gorbio
Villa Hanbury
Mont Chauve 854
Peillon
Roquebrune
Menton
Gattières
D19
Cap Martin
Riviera di Ponente
St-Pancrace
A8
Beausoleil
La Turbie
Monte-Carlo
N202
Èze
Monaco
Cap-d'Ail
Beaulieu-sur-Mer
Villefranche-sur-Mer
St-Jean-Cap-Ferrat
St-Laurent-du-Var
NIZZA (NICE)
Cap Ferrat
Cagnes-sur-Mer
Cros-de-Cagnes
Aéroport Nice-Côte d'Azur
Villeneuve-Loubet-Plage
Marineland, Aqua-Splash
Baie des Anges
Antibes
Cap d'Antibes
Côte d'Azur
Ligurian Sea
Ajaccio
Calvi
Bastia
0
9 km
5
6
7
8

Kartenregister

Zeichenerklärung
❍ Orte
∆ Kap, Insel
▲ Gebirge
∞ Landschaft
~ Gewässer, Strand
★ Sehenswürdigkeit
☆ Nationalpark

Orts- und Sachregister

Hier finden Sie alphabetisch aufgeführt alle in diesem Band beschriebenen Orte und Ziele, Routen und Touren. Bei einzelnen Sehenswürdigkeiten steht jeweils der dazugehörige Ort in Klammern, bei Hotels steht zusätzlich die Abkürzung H für Hotel. Außerdem enthält das Register wichtige Stichworte sowie alle MERIAN-Tipps und Extras dieses Reiseführers. Wird ein Begriff mehrfach aufgeführt, verweist die **fett** gedruckte Zahl auf die Hauptnennung im Band.

Impressum

Liebe Leserinnen und Leser,

wir freuen uns, Ihre Meinung zu diesem Reiseführer zu erfahren. Bitte schreiben Sie uns, wenn Sie Berichtigungen und Ergänzungsvorschläge haben oder wenn Ihnen etwas besonders gut gefällt:

Gräfe und Unzer Verlag, Reiseredaktion, Postfach 86 03 66, 81630 München
E-Mail: merian-live@graefe-und-unzer.de

Lektorat: Susanne Kranz
Redaktion: Dirk Wagner
Kartenredaktion:
Reinhard Piontkowski

**Bei Interesse an Karten aus MERIAN-Reiseführern schreiben Sie bitte an: iPublish GmbH, geomatics, Berg-am-Laim-Straße 47, 81673 München.
E-Mail: geomatics@ipublish.de**

Gestaltung: Ludwig Kaiser
Karten: MERIAN-Kartographie
Produktion: Maike Harmeier
Satz: H3A GmbH, München
Druck und Bindung:
Stürtz AG, Würzburg
ISBN 3-7742-5684-5

Alle Fotos von T. Stankiewicz

[illegible]uckt auf Primaset (Stora Enso)
[illegible]er Union.

Auflage	5.	4.	3.	2.	1.
Jahr	2005	04	03	02	01